Atlas du Monde

Notre planète est un endroit merveilleux : explore-là dans cet atlas !

Édition originale : Parragon Books Ltd
Parragon Books Ltd
Chartist House
15-17 Trim Street
Bath, BA1 1HA, Royaume-Uni
www.parragon.com

Édition française : ELCY 2013
Coordination éditoriale : MATIVOX
Traduction et adaptation : Éric Mathivet, MATIVOX (Béatrice Pinel-Audoin, Solène Giroux), Jérémy Lavalaye, Aymeric Barbary.
Mise en pages : LES RÉCRÉATEURS (Cécile Castillo, Julien Herry-Olivié)

ISBN 978-2-7532-0702-8
Imprimé en Chine

Je veux tout savoir !

Atlas du Monde

Notre planète est un endroit merveilleux :
explore-là dans cet atlas !

ELCY
jeunesse

Table des matières

LE MONDE

AMÉRIQUE DU NORD

AMÉRIQUE CENTRALE ET CARAÏBES

AMÉRIQUE DU SUD

LES AMÉRIQUES

EUROPE

ASIE

AFRIQUE

OCÉANIE

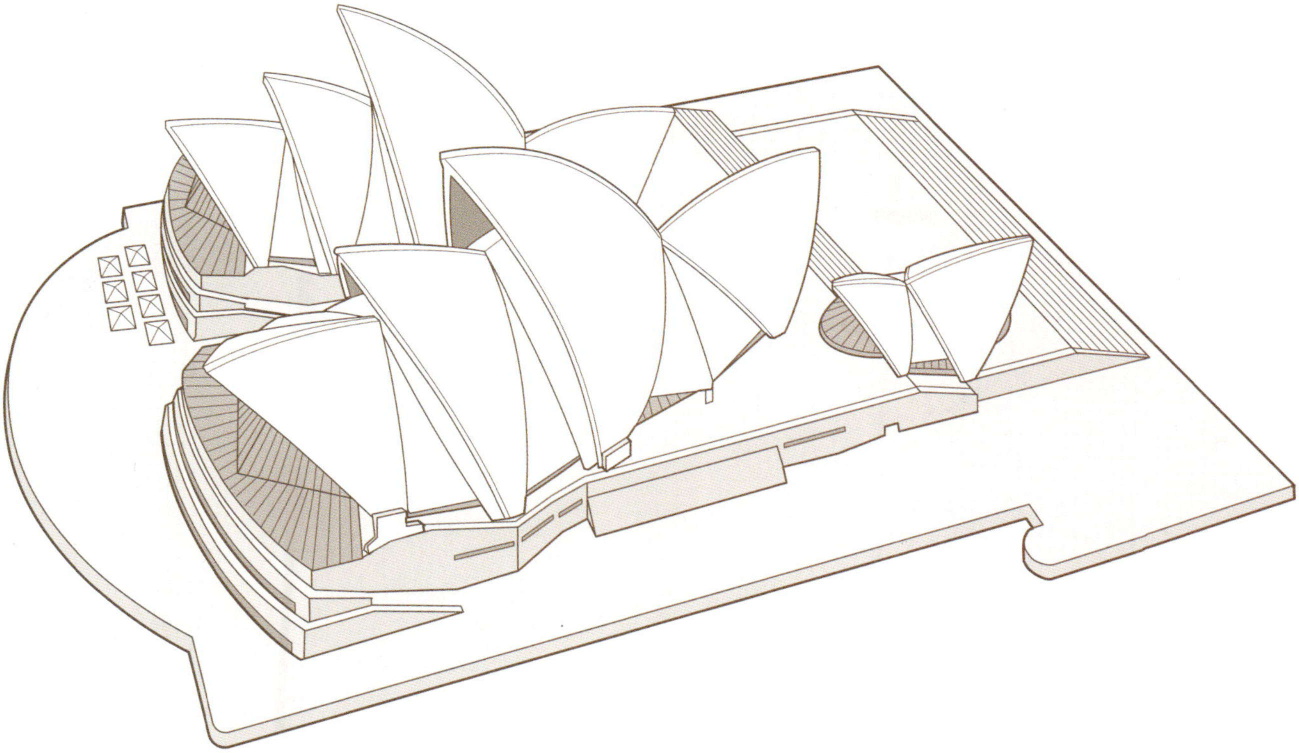

LE MONDE EN CHIFFRES

INTRODUCTION

Notre planète est incroyable !
Ses mers et océans sont si riches en vie végétale et animale, du plancton minuscule aux énormes baleines !

Ses paysages terrestres sont si différents, des déserts brûlants aux montagnes fertiles ! Ils ont été modelés depuis des millions d'années par les puissantes forces qui font bouger les continents et par l'action continuelle du vent, de la pluie, de la glace et de la chaleur.

Ce livre vous transportera à travers les régions du monde, en montrant les particularités naturelles de chacune d'elles. Il évoquera également les peuples et quelques-uns des sites merveilleux façonnés par l'homme.

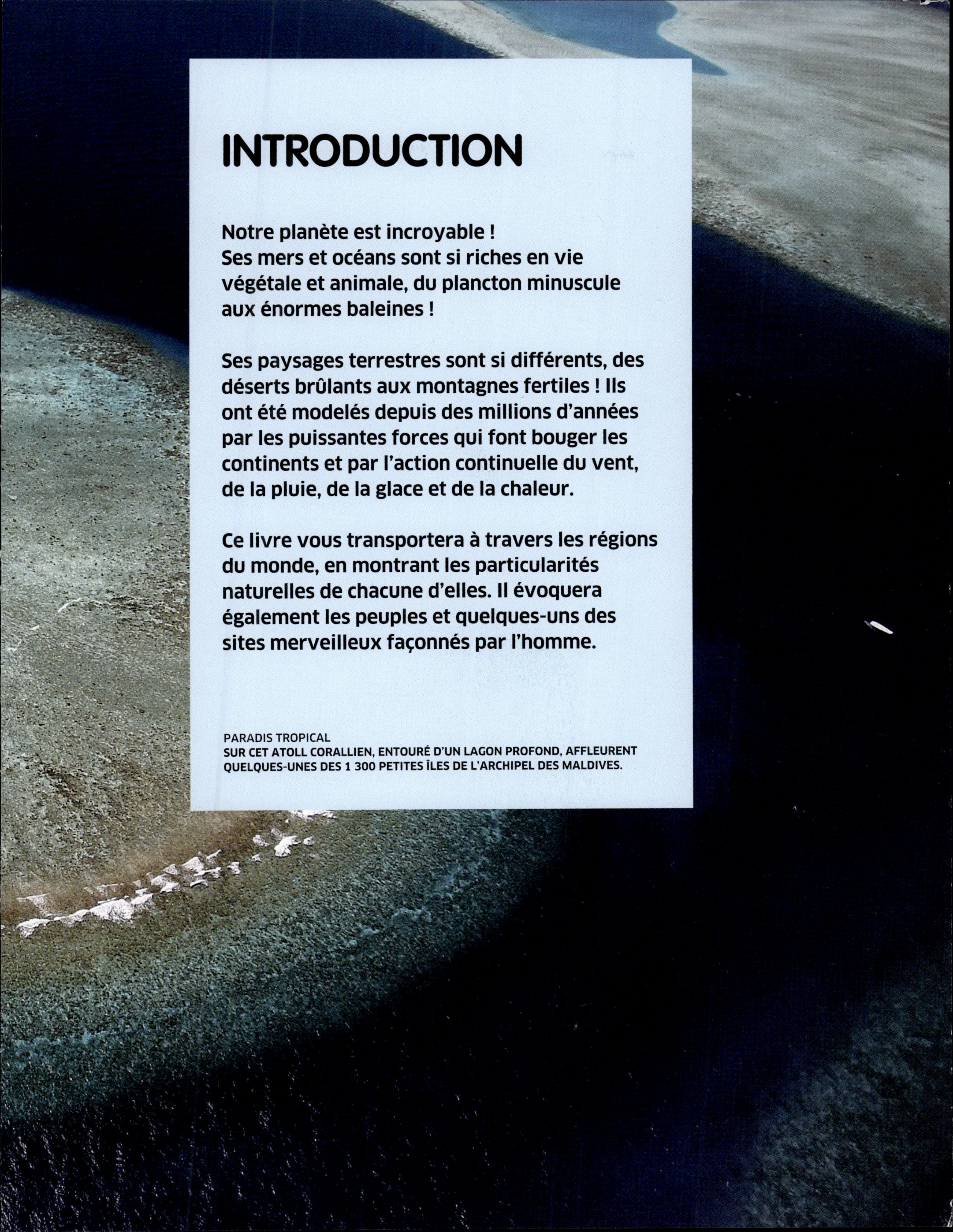

PARADIS TROPICAL
SUR CET ATOLL CORALLIEN, ENTOURÉ D'UN LAGON PROFOND, AFFLEURENT QUELQUES-UNES DES 1 300 PETITES ÎLES DE L'ARCHIPEL DES MALDIVES.

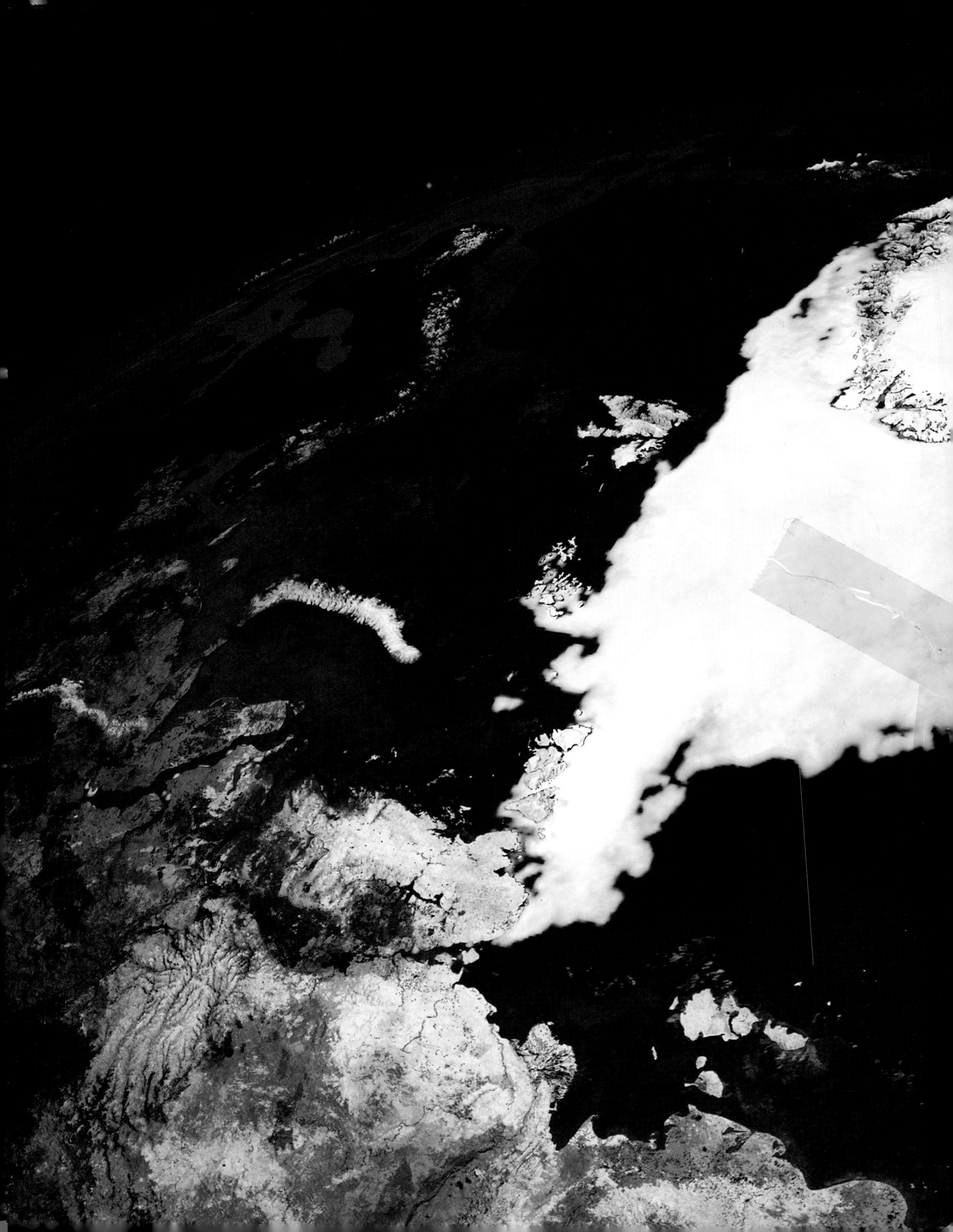

LE MONDE INTRODUCTION

La Terre est une planète unique parmi ses compagnes du Système solaire. C'est la seule sur laquelle on soit sûrs que la vie existe : plantes et animaux occupent un vaste ensemble d'habitats. Plus de 7 milliards d'humains y vivent, répartis entre des villes tentaculaires et des régions quasi-désertes.

Sous nos pieds, en profondeur, des forces gigantesques exercent des tractions qui peuvent diviser la terre et provoquer des séismes (tremblements de terre) et des éruptions volcaniques. Elles déplacent les continents de façon imperceptible et provoquent la rencontre de plaques terrestres qui a pour effet de soulever les montagnes.

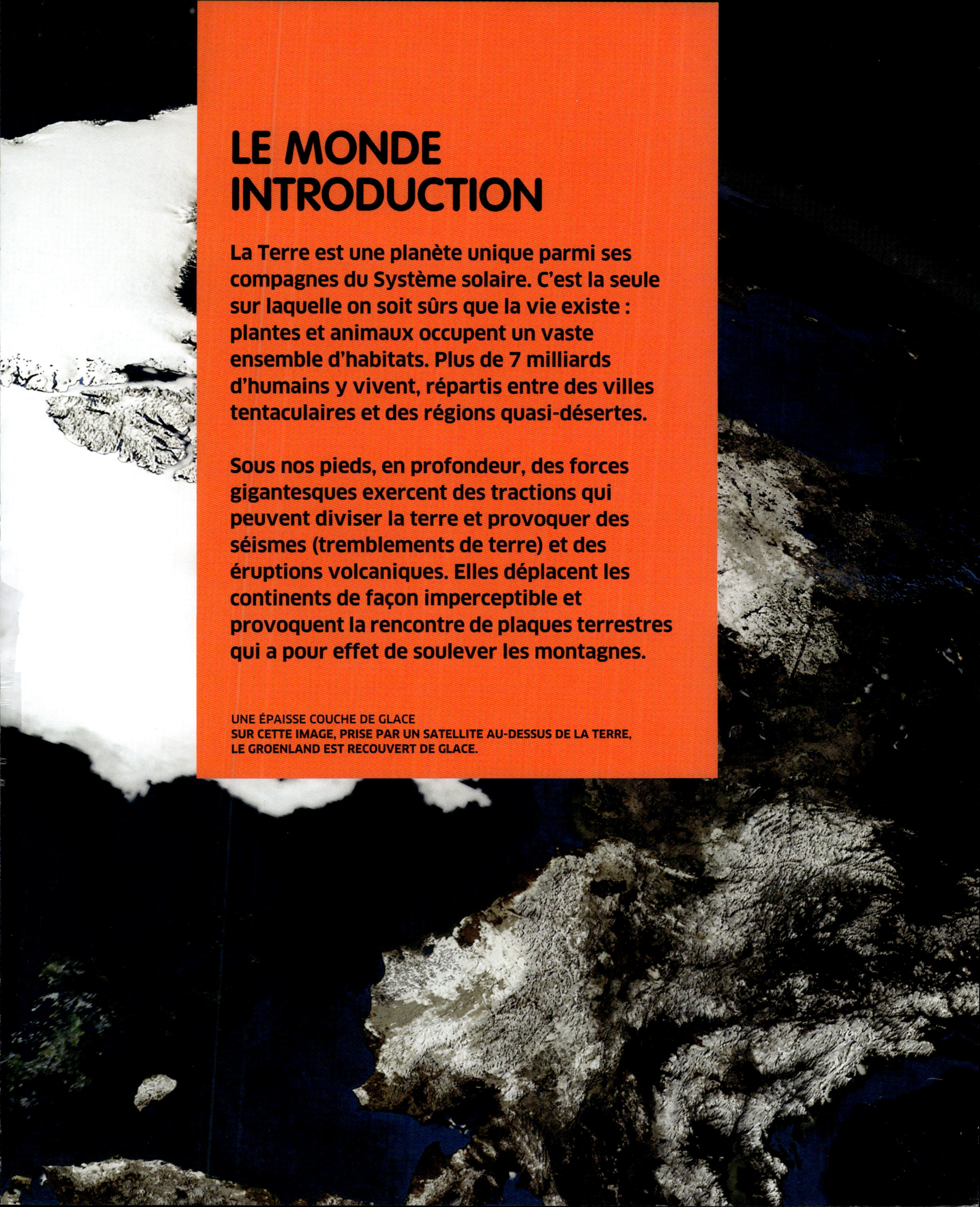

UNE ÉPAISSE COUCHE DE GLACE
SUR CETTE IMAGE, PRISE PAR UN SATELLITE AU-DESSUS DE LA TERRE, LE GROENLAND EST RECOUVERT DE GLACE.

LE MONDE
CARTE PHYSIQUE

OCÉAN GLACIAL ARCTIQUE
Svalbard
Nouvelle-Zemble
Île Jan Mayen
Cap Nord
Mer de Barents
La péninsule de Kola
Mer de Norvège
ALPES SCANDINAVES
Mer Baltique
Îles Féroé
Lac Onega
Plaine Russe
Mer du Nord
Îles Britanniques
Plaine d'Europe du Nord
MONTS OURAL
Ob
Volga
ALPES
Mt. Blanc 4 810
Danube
BALKANS
APENNINS
Mer Noire
CAUCASES
Mt. Elbrus 5 642
Mer Caspienne
Mer Aral
Plateau Anatolien
Péninsule ibérique
Mer Méditerranée
Crète
Massif de L'ATLAS
Désert Syrien
Plateau Iranien
Golfe Persique
Désert Lybien
Nil
Mer Rouge
SAHARA
Niger
L. Tchad
Péninsule arabique
Massif Éthiopien
Socotra
Péninsule de Somalie
Golfe de Guinée
Bassin du Congo
Congo
L. Victoria
Mt. Kilimandjaro 5 895
L. Tanganyika
L. Malawi
Désert du Namib
Désert du Kalahari
Canal du Mozambique
Madagascar
Le cap des Aiguilles
OCÉAN ATLANTIQUE
Plaine de Sibérie Septentrionale
Lena
Plateau de Sibérie Centrale
Plaine de Sibérie Occidentale
TIAN SHAN
L. Baikal
MONTS IABLONOVYÏ
Amour
KOLIMA
Cercle Polaire Arctique
Mer de Béring
Péninsule du Kamtchatka
Mer d'Okhotsk
Sakhaline
Îles Aléoutiennes
L'ALTAÏ
Plateau de Mongolie
Huang He
PLATEAU TIBÉTAIN
HIMALAYA
Mt. Everest 8 848
Indus
Gange
Yangzi Jiang
Mer du Japon
Hokkaido
Honshu
Mt. Fuji 3 776
Kyushu
Mer de Chine Orientale
Mer d'Oman
Plateau du Deccan
Les Ghâts occidentaux
Les Ghâts orientaux
Golfe du Bengale
Îles Laquedives
Sri Lanka
Maldives
Île Andaman
Île Nicobar
Hainan
Mer de Chine méridionale
Péninsule Malaise
Luçon
Mer des Philippines
Mindanao
Sumatra
Bornéo
Célèbes
Java
Flores
Timor
Puncak Jaya 5 030
Nouvelle-Guinée
OCÉAN PACIFIQUE
Tropique du Cancer
Équateur
Mer de Corail
Grande barrière de corail
Cordillère australienne
Grand désert de Sable
Désert de Simpson
Grand désert de Victoria
Darling
Mt. Kosciusko 2 228
Tasmanie
Tropique du Capricorne
Île du Nord
Nouvelle Zélande
Île du Sud
OCÉAN INDIEN
OCÉAN PACIFIQUE
Méridien de Greenwich
Terre de la Reine-Maud
Terre de Wilkes
Cercle Polaire Antarctique
0°
30°
60°
90°
120°
150°
180°

CARTE POLITIQUE **DU MONDE**

PAYS	CAPITALE
1 MACÉDOINE	Skopje
2 MONTÉNÉGRO	Podgorica
3 BOSNIE HERZÉGOVINE	Sarajevo
4 CROATIE	Zagreb
5 SLOVÉNIE	Ljubljana
6 SAINT MARIN	St Marin
7 LIECHTENSTEIN	Vaduz
8 LUXEMBOURG	Luxembourg
9 ANDORRE	Andorre-la-Vieille
10 KOSOVO	Pristina
11 BAHREÏN	Manama
12 CONGO	Brazzaville

LES MOUVEMENTS DE LA TERRE

Comme les autres planètes du Système solaire, la Terre tourne sur elle-même et tourne aussi autour du Soleil. Ces deux mouvements provoquent la succession des jours et des nuits, et celle des saisons.

23,3°
C'est l'angle d'inclinaison de la Terre.

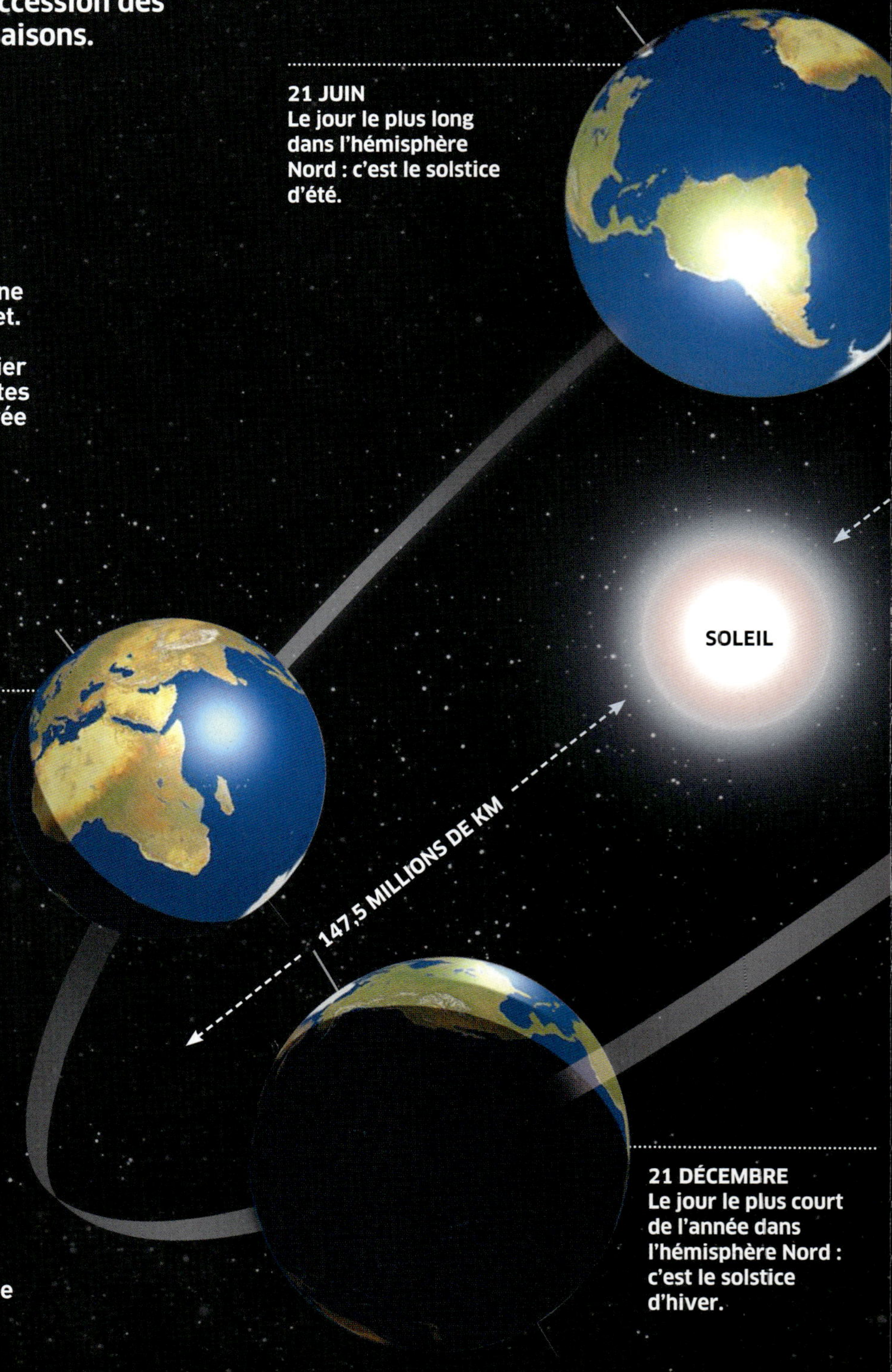

La révolution

Il faut 365 jours à la Terre pour faire une révolution, c'est-à-dire un tour complet. L'axe de la Terre est incliné toujours dans la même direction, ce qui fait varier l'exposition et la distance des différentes régions au Soleil : les saisons et la durée du jour changent.

La rotation

La Terre tourne sur son axe en presque 24 heures. Cette rotation, qui nous fait passer alternativement du jour à la nuit, influence les courants marins et atmosphériques.

21 MARS
C'est l'équinoxe de printemps dans l'hémisphère Nord : jour et nuit ont la même durée (12 h).

Hémisphères

Une ligne imaginaire, l'équateur, sépare la terre en deux moitiés : l'hémisphère Nord et l'hémisphère Sud. Quand c'est l'été au nord de l'équateur, c'est l'hiver au sud.

BISSEXTILE
Le jour mesuré par rapport au Soleil est un peu trop court. Pour corriger, février a 29 jours tous les 4 ans.

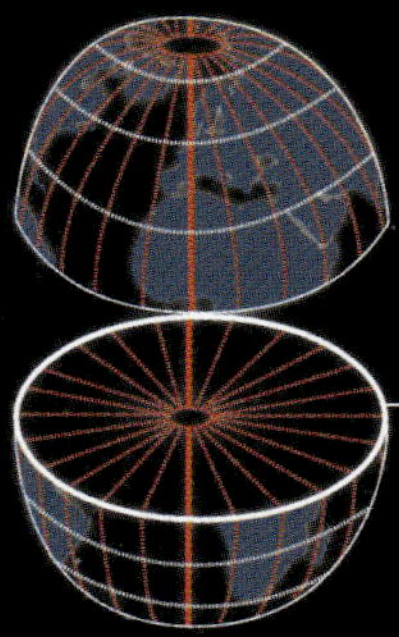

Décalage horaire
Les longs voyages en avion perturbent notre rythme naturel à cause du changement de fuseaux horaires.

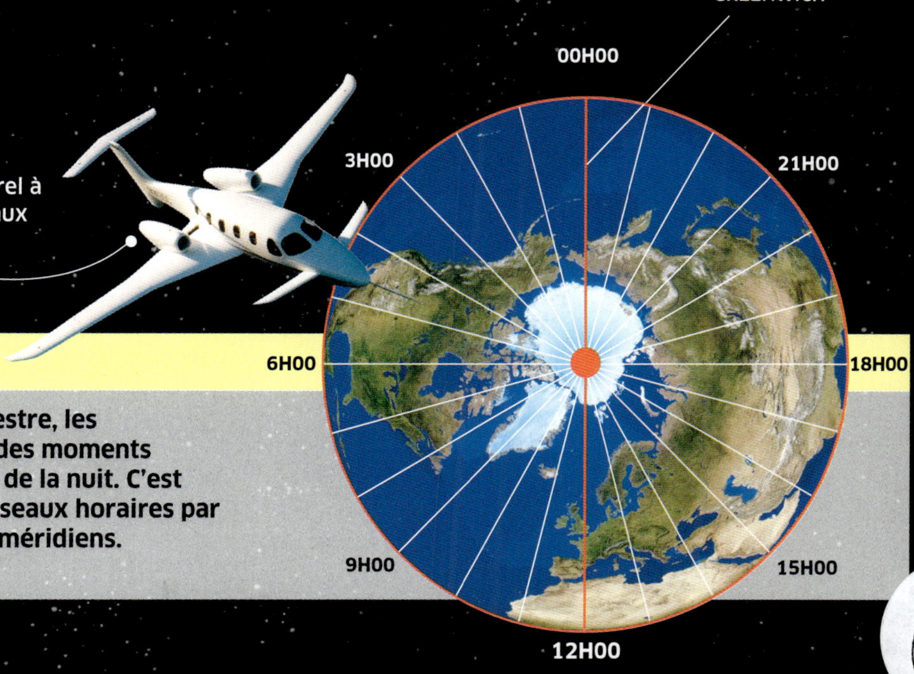

Fuseaux horaires

À cause de la rotation terrestre, les différentes régions sont à des moments différents de la journée ou de la nuit. C'est pourquoi on délimite 24 fuseaux horaires par des lignes imaginaires, les méridiens.

LA STRUCTURE DE LA TERRE

Sous nos pieds s'étend un autre monde. La croute sur laquelle nous vivons, très fine à l'échelle de la Terre, recouvre un énorme « manteau » de roches solides et fondues, avec au centre un noyau de métal. À l'extérieur, c'est une couche de gaz qui recouvre la planète, l'atmosphère.

Jusqu'où est-on allé ?

Plus de 6 000 km séparent la surface du centre de la Terre. Jusqu'à présent, on n'a pas pu creuser plus profond que 12 km !

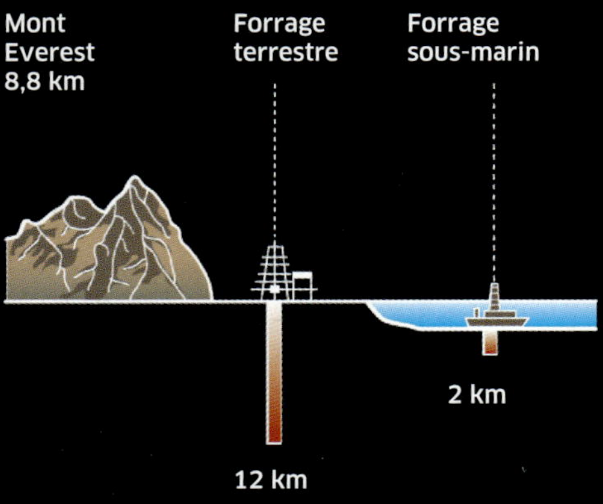

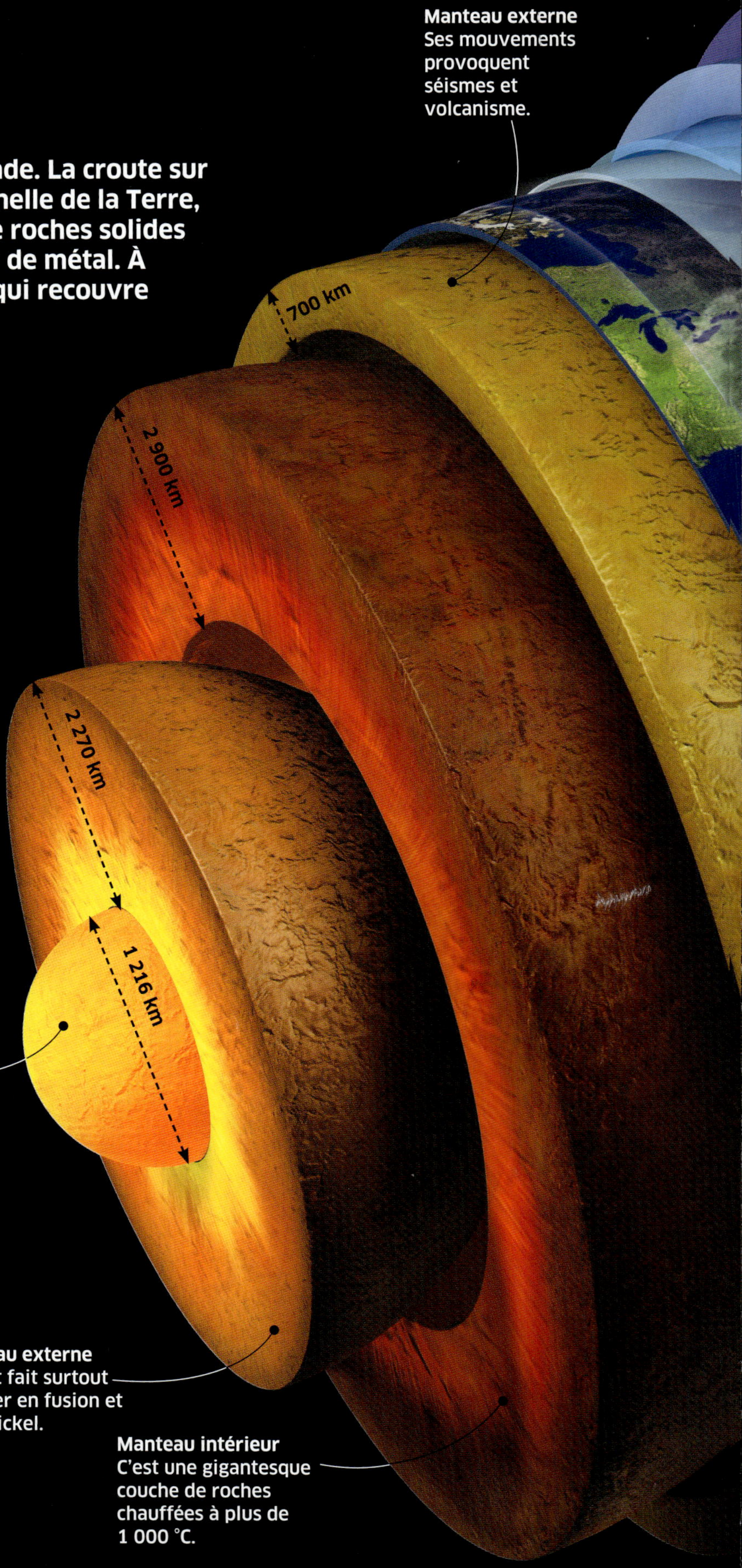

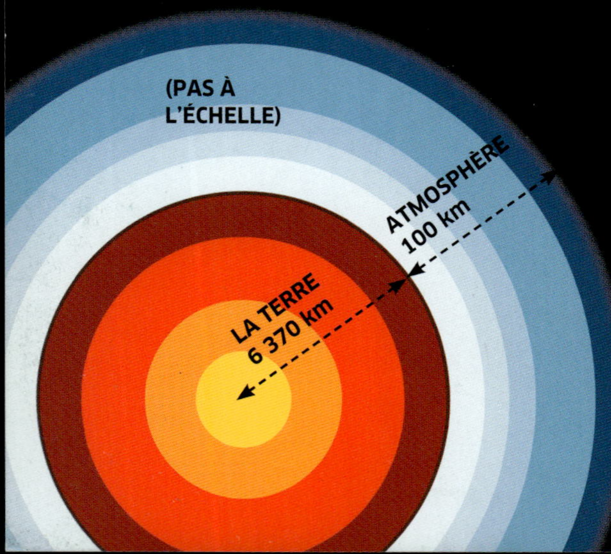

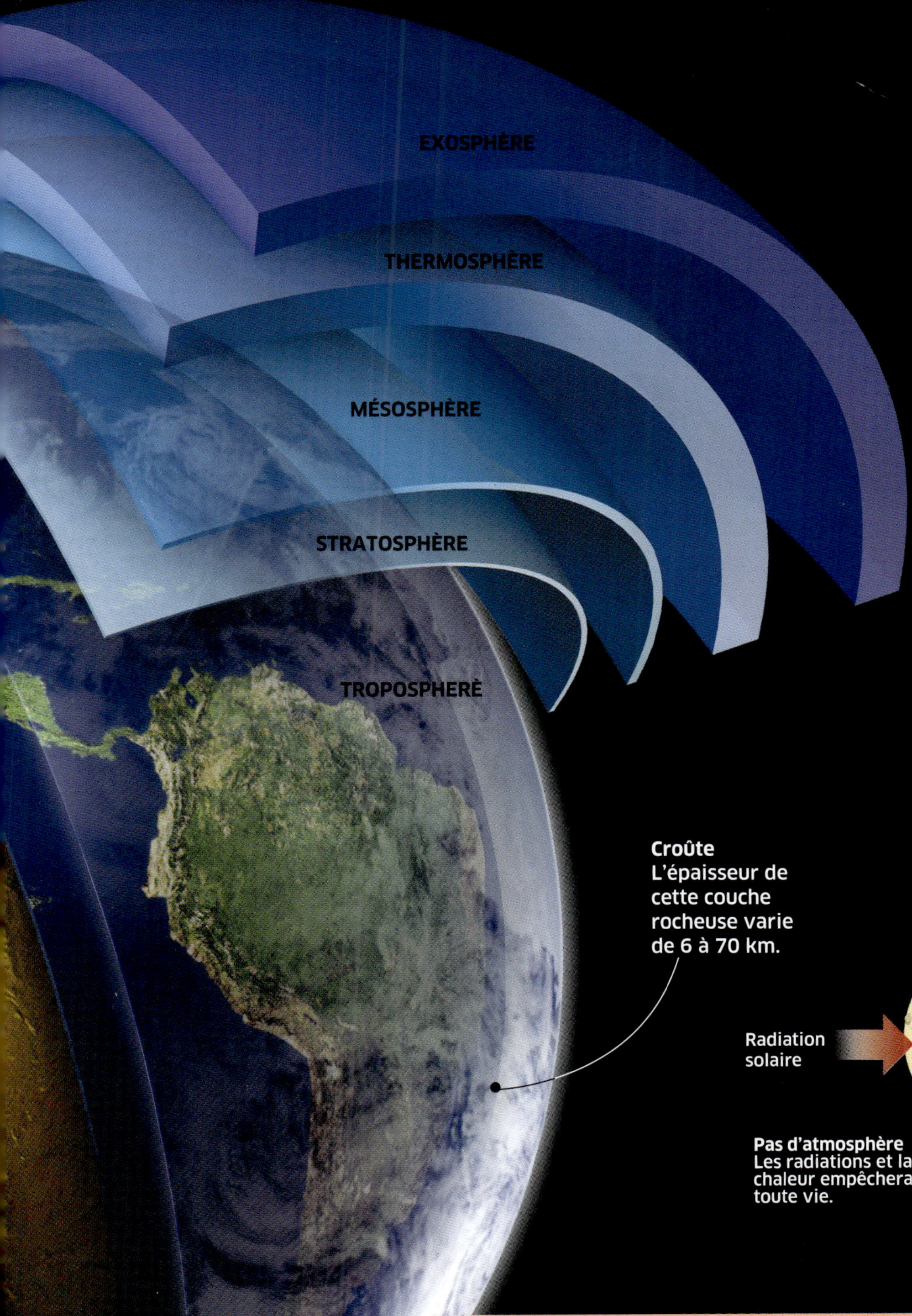

CHAUD DESSOUS !
La chaleur augmente à mesure qu'on s'approche du centre de la Terre.

L'atmosphère

C'est un mélange de gaz, principalement de l'azote et de l'oxygène, divisé en couches de températures différentes. C'est dans l'atmosphère que nous puisons l'air que nous respirons. Elle nous protège aussi contre les rayons nocifs du Soleil.

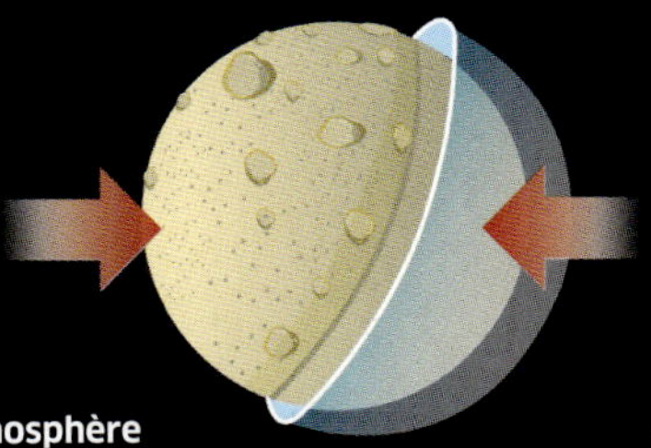

L'hydrosphère

C'est le nom que l'on donne à la partie liquide de la Terre : océans, lacs, cours d'eau, eaux souterraines, eau de l'atmosphère... L'eau couvre plus des deux tiers de la surface terrestre.

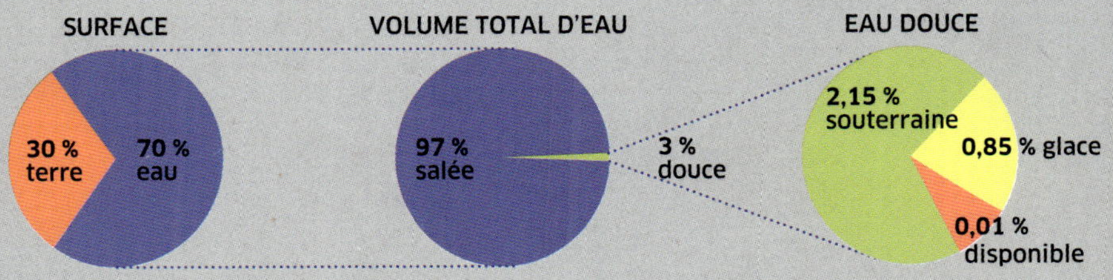

LA CROÛTE TERRESTRE

La croûte terrestre, avec la partie supérieure du manteau, juste en dessous, forme d'immenses plaques rigides, qui s'encastrent comme les pièces d'un puzzle. Ces plaques, qui constituent les continents et le fond des océans, flottent sur le manteau terrestre, et bougent.

NOUVELLES ROCHES
En refroidissant, le magma durcit et cristallise, formant des roches.

Transformations de la croûte terrestre

1 Plis
La collision entre deux plaques engendre des plissements. Ce sont des montagnes qui se soulèvent, telles que les Alpes, les Andes et les Rocheuses américaines.

2 Rides
Lorsque deux plaques s'écartent, elles laissent un vide, que le magma qui surgit des profondeurs tend à combler.

Dérive des continents
Les plaques tectoniques sont sans cesse en mouvement, et peuvent bouger de plus de dix centimètres par an. C'est la « dérive des continents ».

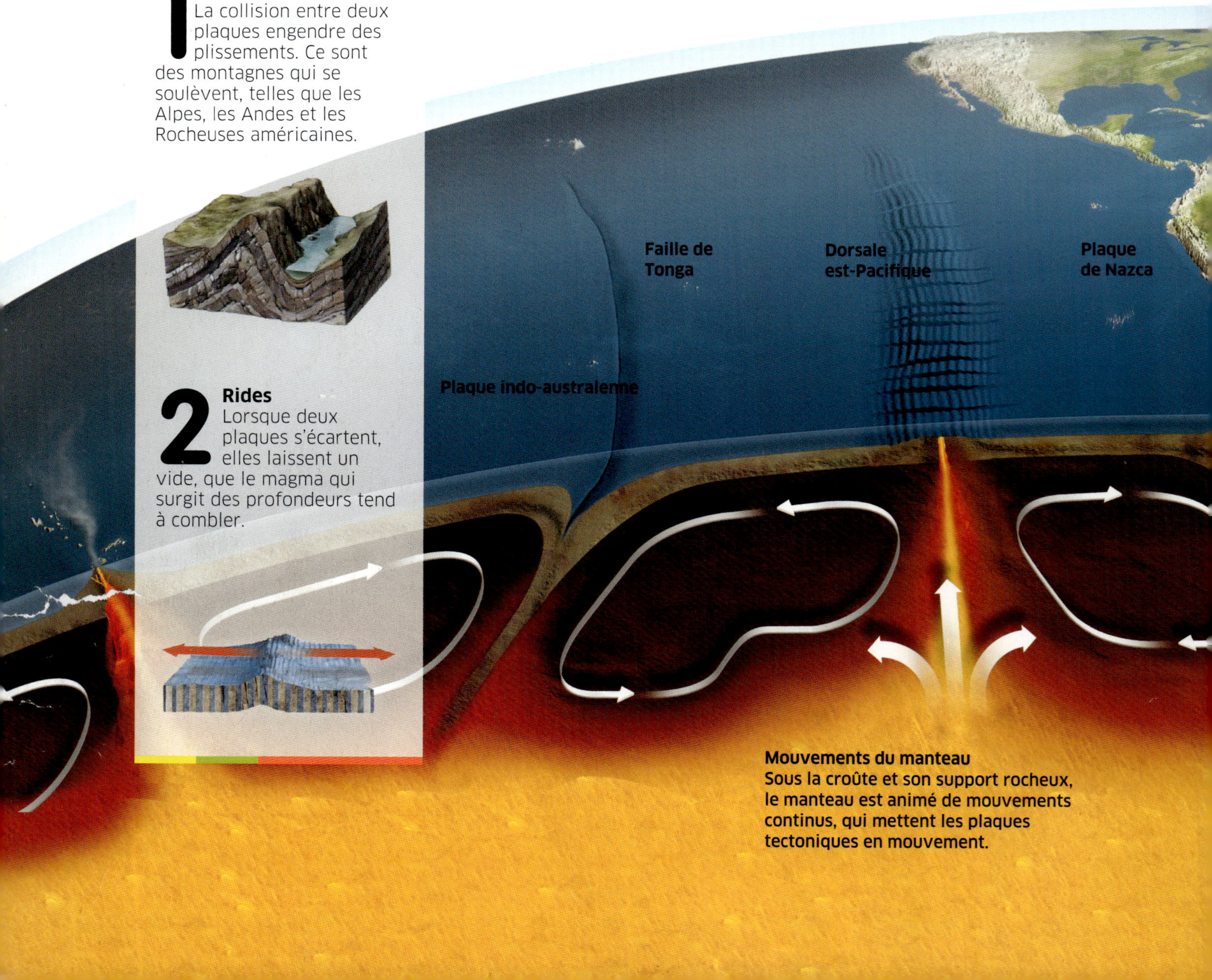

Mouvements du manteau
Sous la croûte et son support rocheux, le manteau est animé de mouvements continus, qui mettent les plaques tectoniques en mouvement.

70 km
Épaisseur maximale de la croûte terrestre.

Failles
Les plaques qui s'écartent sont séparées par de longues failles, qui peuvent être profondes. Parfois, des mouvements des failles provoquent des séismes et des glissements de terrain.

Plaques tectoniques
La croûte terrestre se divise en 7 plaques principales et de nombreuses plaques plus petites.

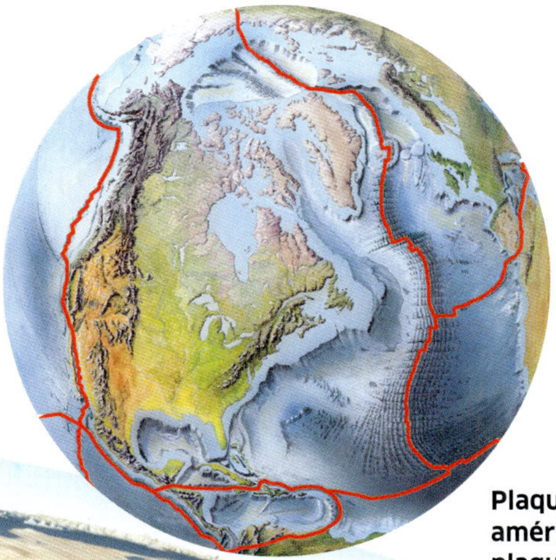

Plaque nord-américaine et plaques environnantes.

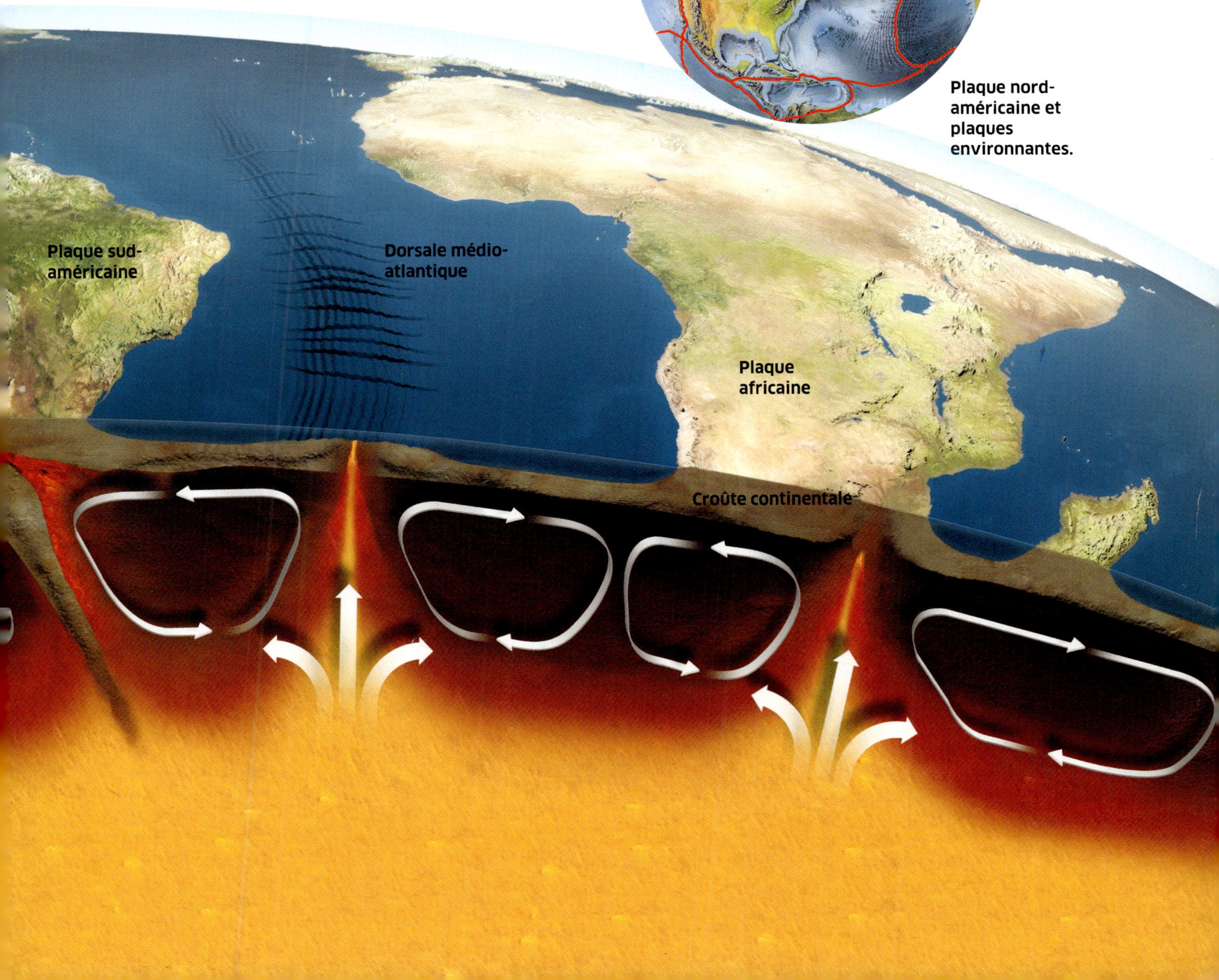

OCÉANS ET MERS

Vue de l'espace, notre planète se présente comme une vaste étendue d'eau entourant des continents. On distingue les océans, larges et profonds, et les mers, en bordure des terres. Sous la surface, il y a tout un monde, avec ses plaines et ses chaînes de montagnes.

Cinq océans
Les géographes divisent l'eau de la Terre en 5 océans : Pacifique, Atlantique, Indien, Arctique et Antarctique.

Planète Bleue

71 % de la surface de la Terre est recouverte d'eau.

Océan Pacifique
Superficie : 180 millions de km²
Profondeur moyenne : 4 270 m

Océan Atlantique
Aire: 106 millions de km²
Profondeur moyenne : 2 743 m

Océan Indien
Superficie : 75 millions de km²
Profondeur moyenne : 3 890 m

Océan Arctique
Superficie : 20 millions de km²
Profondeur moyenne : 1 038 m

Océan Antarctique
Superficie : 14 millions de km²
Profondeur moyenne : 1 205 m

Record de profondeur

Le sous-marin Trieste a permis d'établir un record de profondeur : en 1960, il descendit dans la fosse des Mariannes, à 10 911 m.

Fosses océaniques

Ce sont de longues et profondes vallées sous-marines.

Fosse des Aléoutiennes
Longue d'environ 3 300 km, profonde de plus de 7 600m, la fosse des Aléoutiennes est la plus large du monde.

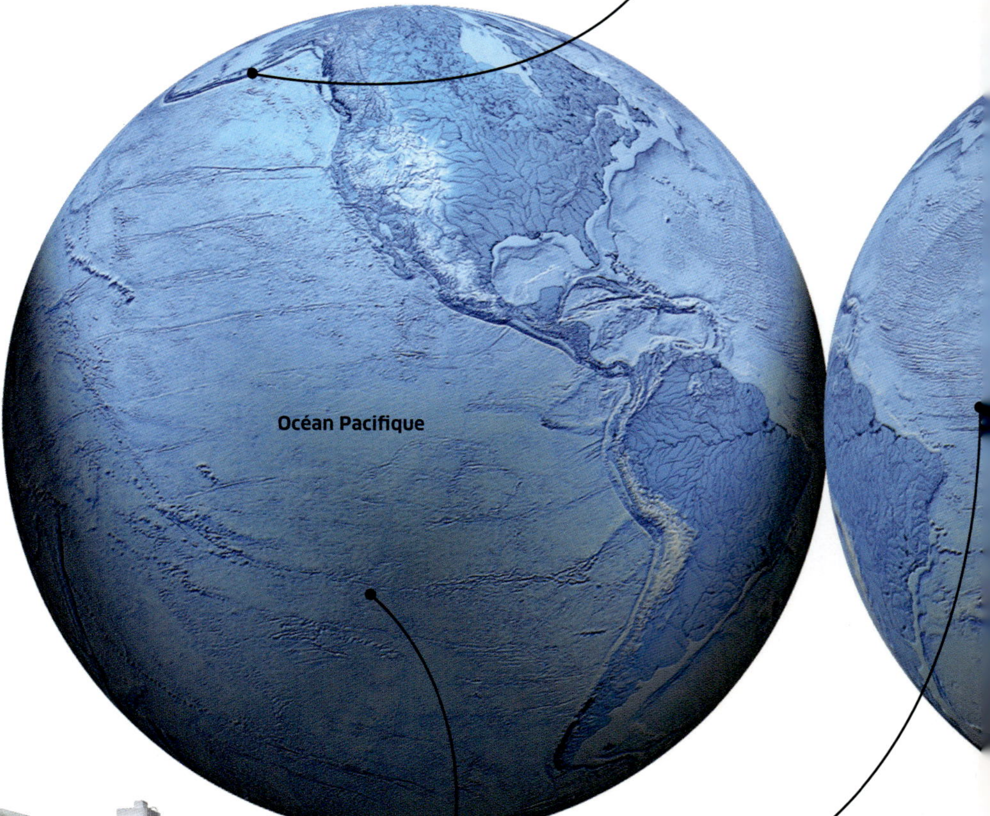

Dorsale est-Pacifique
Les îles Galápagos et l'île de Pâques sont bordées par cette dorsale.

Dorsale médio-atlantique
Cette dorsale traverse l'océan Atlantique du nord au sud. Certaines îles volcaniques ont émergé, comme les Açores et l'Islande.

La vie océanique

La vie occupe tous les niveaux de l'océan, mais surtout les niveaux supérieurs, riches en plancton, convoité par les plus grands animaux, les baleines.

COURANTS
Ce sont de grandes masses d'eau, plus chaudes ou plus froides, en mouvement dans l'océan.

Baleine bleue
Le plus grand des animaux de la planète, avec un poids pouvant atteindre 120 tonnes.

Fosse des Mariannes
Localisée dans le Pacifique ouest, c'est la fosse la plus profonde du monde : 10 994 m de profondeur !

Différents types de mers

Mer intérieure
Totalement entourée de terres, comme la mer Caspienne.

Mer bordière
Le long les côtes des continents, comme la mer d'Argentine.

Mer continentale
Entourée de terres, mais reliée à l'océan, comme la Méditerranée.

L'ARCTIQUE

L'Arctique est la région située au nord du cercle polaire, tout autour du pôle Nord. Cette région inclut la partie nord de l'Asie, de l'Europe et de l'Amérique du Nord, ainsi qu'une grande île : le Groenland. Ces terres sont baignées par l'océan Arctique, au centre duquel se trouve le pôle Nord.

Icebergs
Les icebergs du Groenland sont d'immenses fragments de glaciers qui se brisent en atteignant la mer. Quelques-uns dérivent vers l'Atlantique.

Les Inuits

Ils vivent dans la zone arctique de Sibérie et d'Amérique du Nord, et au Groenland.

EXPLORATION

La première expédition à atteindre le pôle Nord était dirigée par Robert Peary, en 1909, mais certains experts doutent qu'il ait bien atteint le pôle.

Une région froide en permanence

L'Arctique est une région polaire et, tout au long de l'année, l'océan Arctique est largement recouvert de glace. Les températures descendant jusqu'à -50 °C, mais les courants océaniques sont relativement doux.

Groenland

Le Groenland est l'île la moins peuplée au monde (à l'exception de l'Antarctique, qui est un continent). Outre les Inuits du Groenland, de Sibérie et d'Amérique, il existe d'autres peuples arctiques, tels que les Sami (en Scandinavie), les Samoyèdes, les Toungouzes et les Iakoutes de Sibérie.

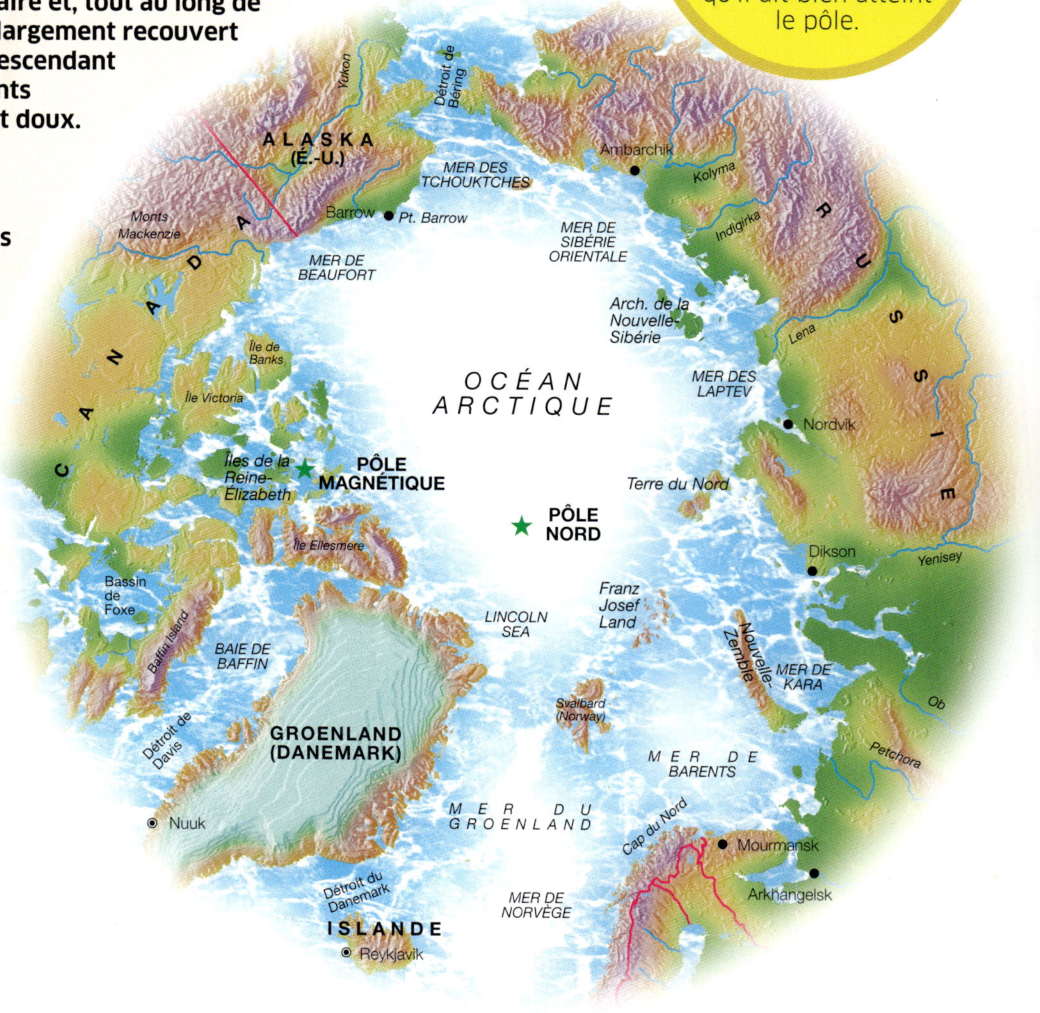

5 450 m

Profondeur maximale de l'océan Arctique.

ANIMAUX DE L'ARCTIQUE

BÉBÉ PHOQUE DU GROENLAND

La proie des chasseurs

Les phoques du Groenland vivent sur la banquise. La fourrure blanche et douce des petits en font des cibles pour certains chasseurs.

CARIBOU D'AMÉRIQUE DU NORD

Brouter la toundra

L'été, le renne, appelé « caribou » en Amérique du Nord, broute de la mousse, de l'herbe et des lichens dans la toundra arctique.

Toundra

La région continentale de l'Arctique, appelée toundra, est dénuée d'arbres. Les animaux de grande taille les plus répandus sont les rennes. On y observe des ours, des renards et des lièvres arctiques, et des lemmings.

Séchage du poisson

Les peuples de l'Arctique vivent de la pêche et chassent des phoques. Certains ont le droit de chasser des baleines pour se nourrir. Les poissons qui n'ont pas été mangés sont séchés pour être conservés.

Bloqué par la glace

La banquise arctique rend les conditions de navigation très difficiles. Les navires qui ne sont pas spécialement équipés peuvent être bloqués.

Adaptations de la vie animale

En Arctique vivent des espèces animales typiques des régions polaires : des morses, des ours blancs, des renards polaires ou des oiseaux comme l'harfang des neiges. Les végétaux et les animaux polaires survivent à des températures extrêmement froides et à un climat venteux. Les arbres ne peuvent pas pousser dans ces conditions et on ne trouve dans la toundra que des plantes basses et des lichens.

Morse

Comme les autres mammifères marins, il a une épaisse couche de graisse.

Ours polaire

Les coussinets sous ses pattes ont des aspérités qui l'empêchent de glisser.

Renard polaire

Une fourrure épaisse et dense protège les renards polaires du froid.

Harfang des neiges

Ce rapace a des plumes sur les pattes pour conserver la chaleur.

LE CLIMAT

Le climat d'une région est déterminé par l'ensemble des conditions qui y règnent au cours de l'année. Il dépend de la latitude et de nombreux autres facteurs. Cinq grands systèmes interagissent pour le modeler : l'atmosphère, la biosphère (les êtres vivants), l'hydrosphère (l'eau liquide), la cryosphère (l'eau gelée) et la lithosphère (les plaques terrestres).

Pluie
La vapeur d'eau de l'atmosphère se condense pour former des nuages, qui grossissent et donnent des précipitations.

Atmosphère

Les phénomènes météorologiques y naissent, avec la pluie, les vents, l'évaporation...

Biosphère

Les plantes et les autres êtres vivants (animaux, micro-organismes...) constituent la biosphère, qui agit sur le climat.

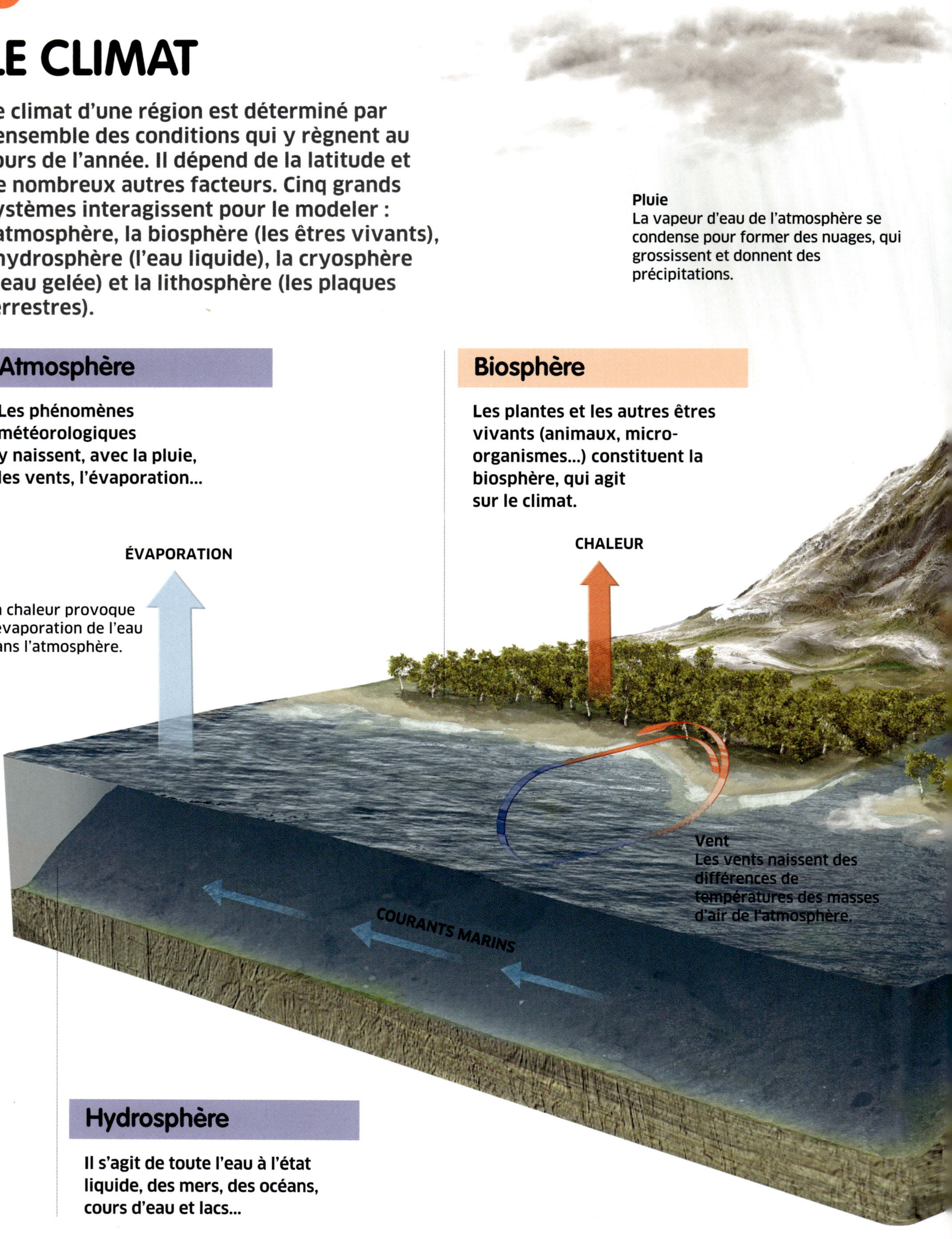

La chaleur provoque l'évaporation de l'eau dans l'atmosphère.

Vent
Les vents naissent des différences de températures des masses d'air de l'atmosphère.

Hydrosphère

Il s'agit de toute l'eau à l'état liquide, des mers, des océans, cours d'eau et lacs...

15 °C

C'est la température moyenne sur Terre.

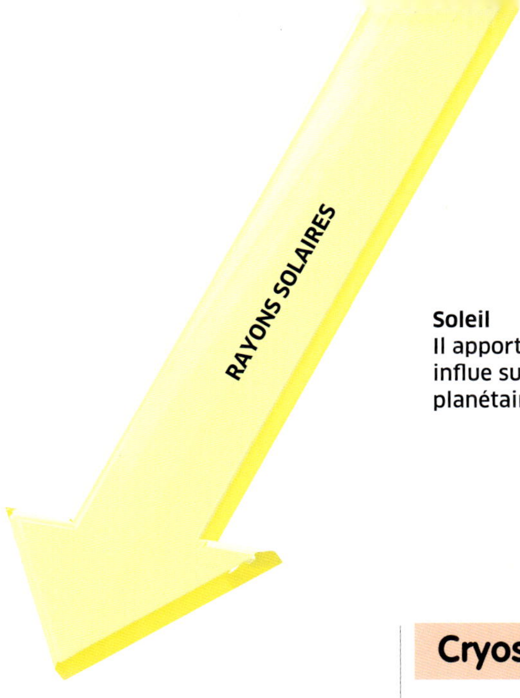

Soleil
Il apporte l'énergie et influe sur le climat planétaire.

Lithosphère

L'ensemble des plaques tectoniques continentales et océaniques forme la lithosphère, dont les perturbations affectent le climat.

Cryosphère

Toutes les zones de la planète couvertes de glace ou dont le sol est gelé forment la cryosphère. La neige et la glace réfléchissent l'essentiel du rayonnement solaire.

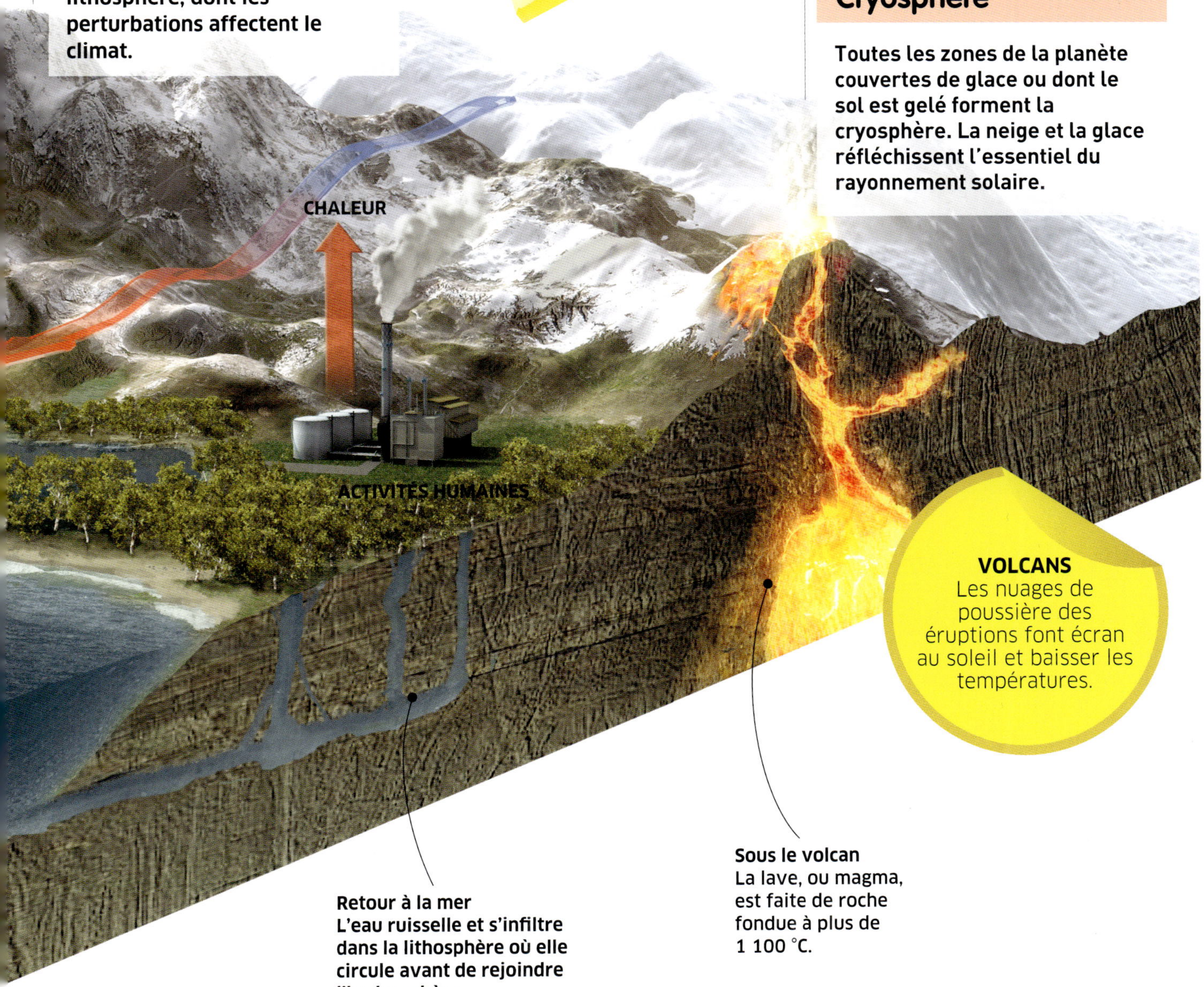

VOLCANS
Les nuages de poussière des éruptions font écran au soleil et baisser les températures.

Retour à la mer
L'eau ruisselle et s'infiltre dans la lithosphère où elle circule avant de rejoindre l'hydrosphère.

Sous le volcan
La lave, ou magma, est faite de roche fondue à plus de 1 100 °C.

FAUNE ET FLORE

La Terre est divisée grands ensembles écologiques appelés « biomes ». Un biome se caractérise par un climat particulier et par une couverture végétale adaptée. Les biomes terrestres sont par exemple la forêt tropicale, la haute montagne et la toundra arctique, mais aussi les déserts chauds et les déserts froids. Il existe également des biomes marins.

Ours polaires
Lorsque la banquise s'étend sur l'océan Arctique, les ours polaires s'y installent pour chasser.

Climat

La biosphère (l'ensemble des milieux de vie) est divisée en biomes en fonction du climat, mais aussi de la latitude (de l'équateur aux régions polaires) et de la végétation dominante. Les températures, le vent et les précipitations conditionnent la répartition des espèces. Certaines sont strictement adaptées à certains biomes, alors que d'autres s'acclimatent facilement à d'autres conditions.

Répartition
Dans les biomes terrestres, les disponibilités en eau ont des conséquences directes sur l'abondance de la vie animale et végétales. Luxuriante dans les forêts tropicales humides, la vie n'est pourtant pas absente des zones les plus arides. Les déserts abritent des plantes et des animaux qui survivent avec très peu d'eau.

IMPACT
Des activités humaines, comme la déforestation, ont appauvri certaines régions.

Adaptation animale

L'anatomie et la morphologie des animaux révèlent souvent leurs adaptations à la vie dans certains biomes. Lorsque les conséquences des activités humaines, comme le réchauffement climatique, bouleverse les habitats naturels, certaines adaptations deviennent des handicaps.

Déserts
Ce moloch, ou « diable épineux » du désert australien, boit l'eau de la rosée qui se dépose sur les aspérités de sa peau.

Régions polaires
Les animaux comme l'ours blanc (en Arctique) et les manchots (en Antarctique) survivent grâce aux ressources de la mer.

Biodiversité marine
Ce poisson clown et son anémone illustrent la richesse des mers tropicales, mais les eaux polaires abritent également une vie abondante.

Forêt tropicale
Cette grenouille vit dans les arbres de la forêt tropicale américaine, dont on est loin d'avoir terminé l'inventaire des espèces.

Biomes du monde

Sur cette carte sont présentés les plus importants biomes terrestres et maritimes.

- Montagnes
- Désert
- Prairie
- Taïga
- Forêt tempérée
- Forêt tropicale
- Zone polaire
- Récif corallien

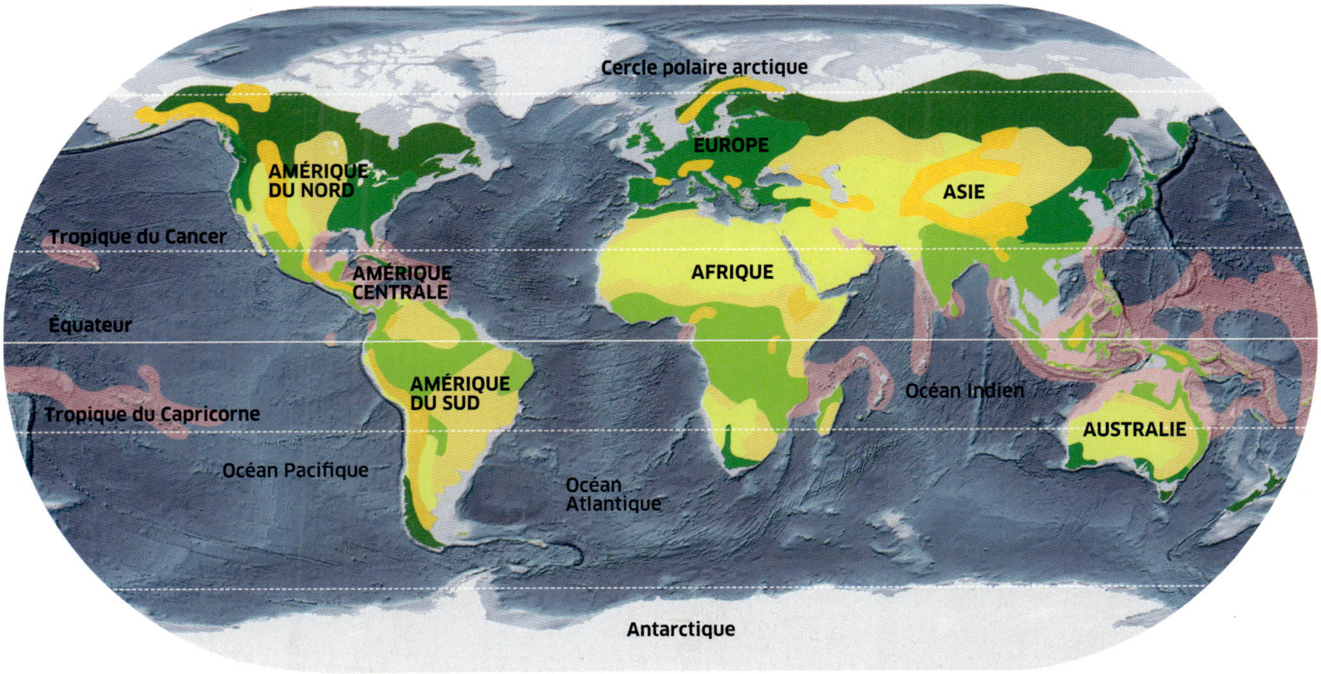

L'ANTARCTIQUE

Contrairement au pôle Nord, situé au milieu de l'océan Arctique, le pôle Sud se trouve au cœur d'un continent, l'Antarctique. Cette terre couverte d'une épaisse calotte de glace est entourée par l'océan Antarctique (ou océan Austral). Seule la pointe de la péninsule Antarctique, qui s'avance vers l'Amérique du Sud, se trouve au-delà du cercle polaire arctique.

INTERNATIONAL
Le Traité de l'Antarctique fait du continent un espace international, réservé aux activités pacifiques.

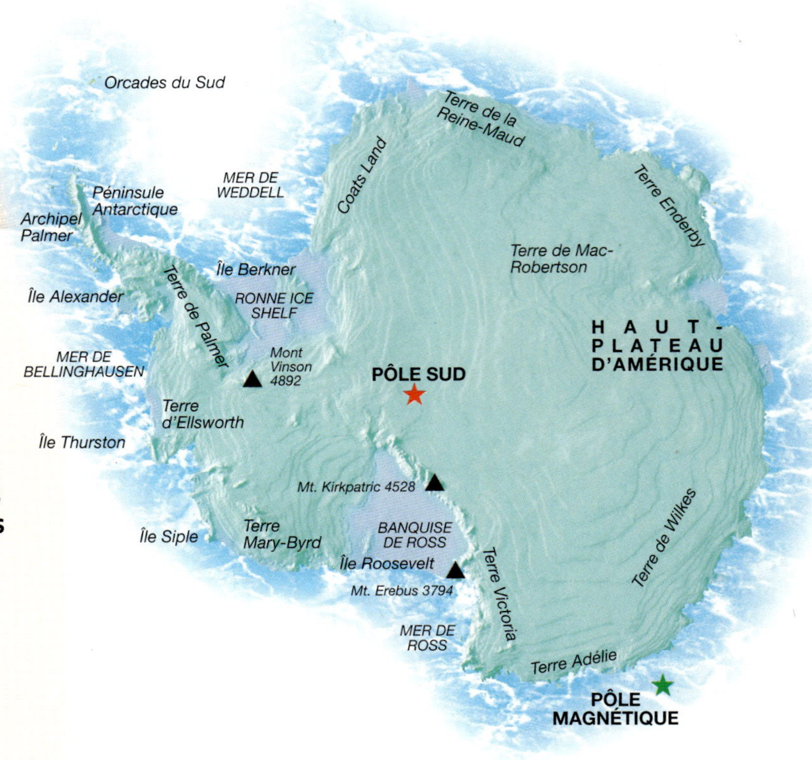

Sous la glace

L'Antarctique est recouvert à environ 98 % par un immense glacier dont l'épaisseur moyenne est de 2 200 m. Cette épaisseur peut atteindre 4 800 m, soit presque l'altitude du mont Blanc ! La région est si froide que seules quelques espèces végétales survivent, notamment dans la péninsule Antarctique. Seuls les manchots et quelques autres oiseaux s'aventurent à l'intérieur des terres.

Exploration de l'Antarctique

La première expédition à atteindre le pôle Nord, en 1911, était menée par Roald Amundsen. Robert Falcon Scott parvint au pôle Sud cinq semaines après Amundsen, mais son équipe et lui-même périrent sur le chemin du retour.

- 89,2 °C

Température la plus basse, enregistrée à la station russe Vostok.

Roald Amundsen
Le 14 décembre 1911, le Norvégien Roald Amundsen et son équipe atteignaient le pôle Nord. En 1926, Amundsen prit part à une expédition antarctique. Il disparut en juin 1928.

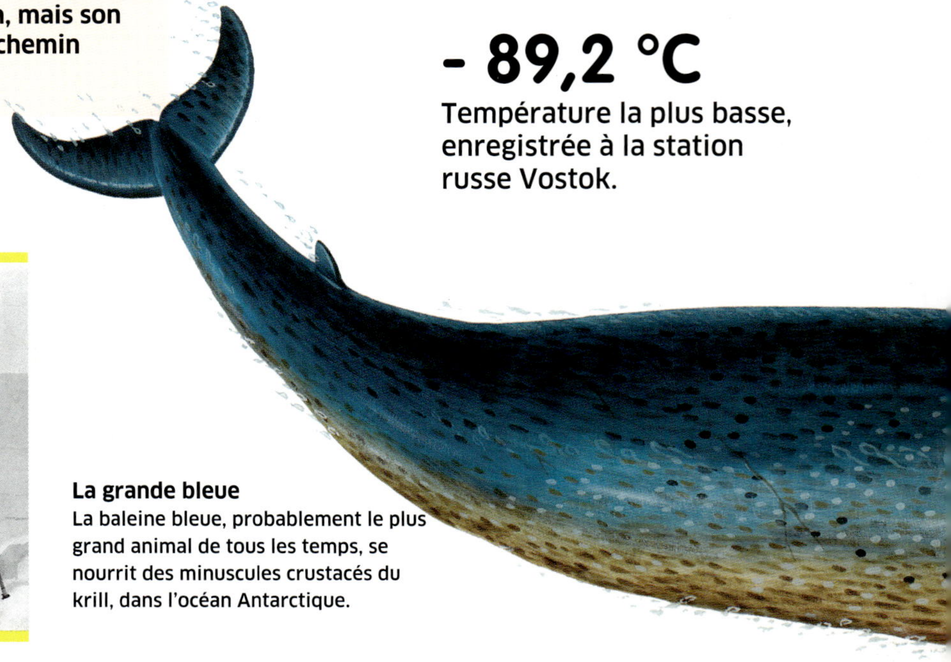

La grande bleue
La baleine bleue, probablement le plus grand animal de tous les temps, se nourrit des minuscules crustacés du krill, dans l'océan Antarctique.

La pêche dans l'Antarctique

Les eaux froides de l'Antarctique sont riches en espèces de toutes tailles : krill, calmars, phoques, poissons et cétacés. Dans certaines zones très riches en éléments nutritifs, la vie est très abondante.

Des tentes dans la neige

Les scientifiques explorant l'Antarctique utilisent des tentes appelées « tentes Scott », très résistantes et qui gardent la chaleur.

La parade des manchots
Les manchots Adélie, l'espèce la plus répandue en Antarctique, font des nids de cailloux sur la côte.

Les albatros hurleurs
Ces oiseaux de l'océan Austral mangent essentiellement des calamars, des poissons et du krill. Leur envergure est la plus grande de tous les oiseaux actuels (3,7 m).

Cavernes de glace
Sur les côtes de l'Antarctique, la mer creuse des grottes dans la glace.

RECHERCHES ET EXPLORATION

TROUS DANS LA COUCHE D'OZONE

Filtrer les rayons nuisibles

La couche d'ozone (dans l'atmosphère) arrête la plupart des rayons ultraviolets du Soleil. La pollution y a percé un trou, au-dessus de l'Antarctique. Des recherches sont en cours pour mesurer son impact sur la région.

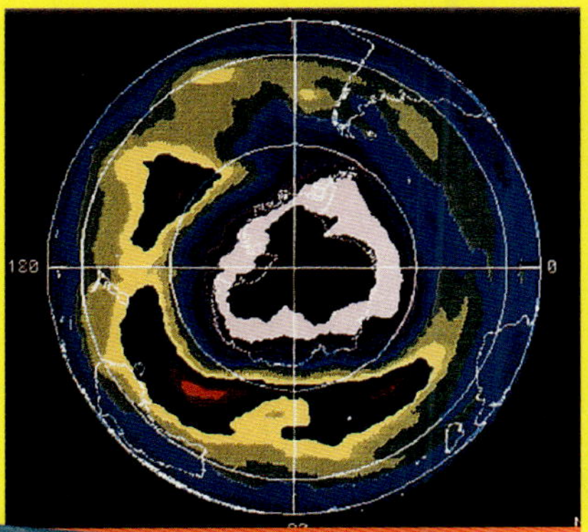

LES SCIENTIFIQUES EN ANTARCTIQUE

Des besoins vitaux

Il existe plusieurs centres de recherches en Antarctique. Certains sont habités par des scientifiques toute l'année, alors que d'autres ne le sont qu'en été. Des vivres leur sont envoyés par avion ou par bateau.

Les ballons météo

Des ballons sont envoyés dans l'atmosphère pour étudier les conditions climatiques. Ces études sont importantes en Antarctique, car son climat affecte celui du reste du monde.

POPULATION

En 2011, le nombre d'habitants dans le monde a dépassé les 7 milliards. Cependant, ils ne sont pas répartis de façon uniforme sur la planète. Certaines régions de Chine, d'Inde et d'Europe, par exemple, sont densément peuplées, alors que d'autres, comme l'Australie et le Groenland le sont très peu.

FAIM
Selon les Nations unies, 925 millions de personnes dans le monde n'ont pas assez à manger.

LES 20 PAYS LES PLUS PEUPLÉS AU MONDE

1. CHINE 1 343 239 923
2. INDE 1 205 073 612
3. ÉTATS-UNIS 313 847 465
4. INDONÉSIE 248 216 193
5. BRÉSIL 205 716 890
6. PAKISTAN 190 291 129
7. NIGERIA 170 123 740
8. BANGLADESH 161 083 804
9. RUSSIE 138 082 178
10. JAPON 127 368 088
11. MEXIQUE 114 975 406
12. PHILIPPINES 103 775 002
13. ÉTHIOPIE 93 815 992
14. VIÊT NAM 91 519 289
15. ÉGYPTE 83 688 164
16. ALLEMAGNE 81 305 856
17. TURQUIE 79 749 461
18. IRAN 78 868 711
19. RÉP. DÉM. DU CONGO 73 599 190
20. THAÏLANDE 67 091 089

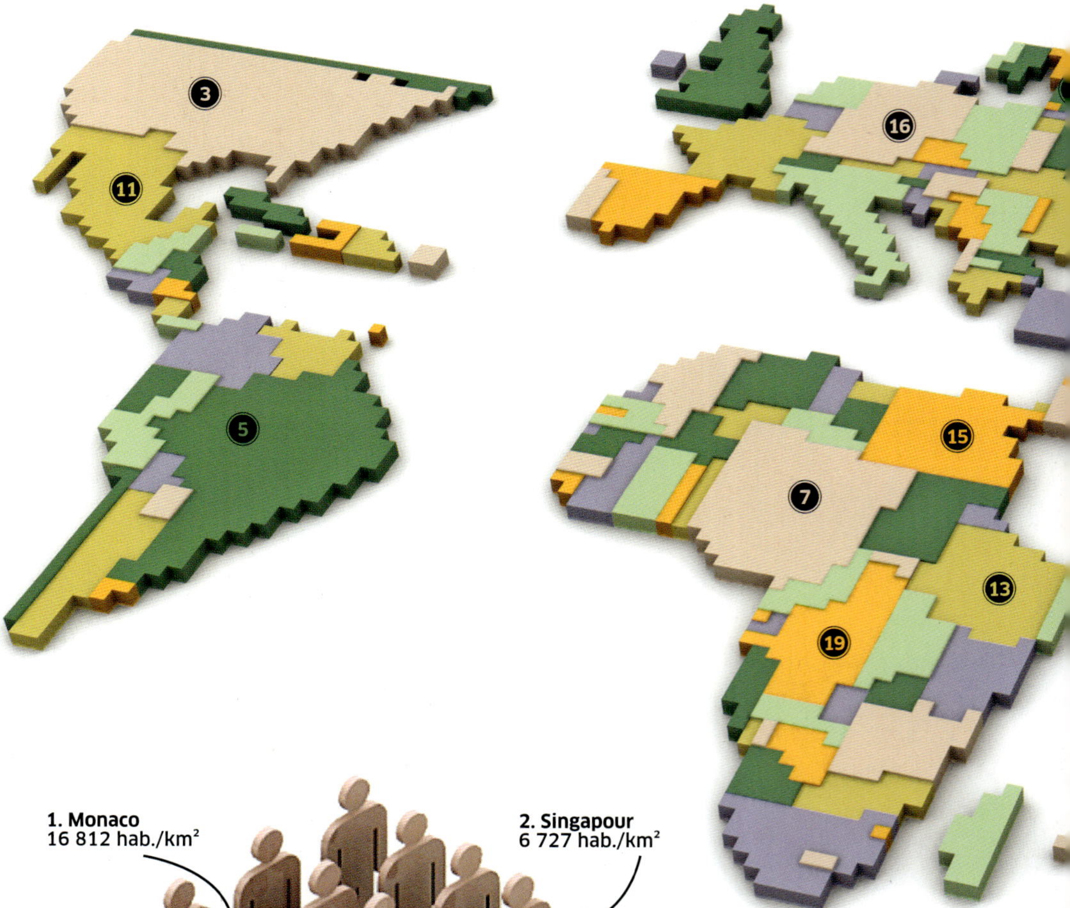

Densité

La densité de population d'un pays est son nombre moyen d'habitants par kilomètre carré.

LES 5 PAYS LES PLUS DENSES

1. Monaco
2. Singapour
3. Vatican
4. Maldives
5. Bahreïn

SUJETS D'ÉTUDES
LA VILLE ET LA CAMPAGNE

Migration

La migration désigne un déplacement de population d'un endroit à un autre d'un pays, ou d'un pays à un autre. Ses raisons peuvent être multiples (recherche de travail, fuite d'une zone de guerre...).

Urbanisation

La migration de la campagne vers la ville est appelée « urbanisation ». Trinidad et Tobago, deux îles des Caraïbes, ont un très faible taux d'urbanisation. Seules 13% des personnes vivent en ville.

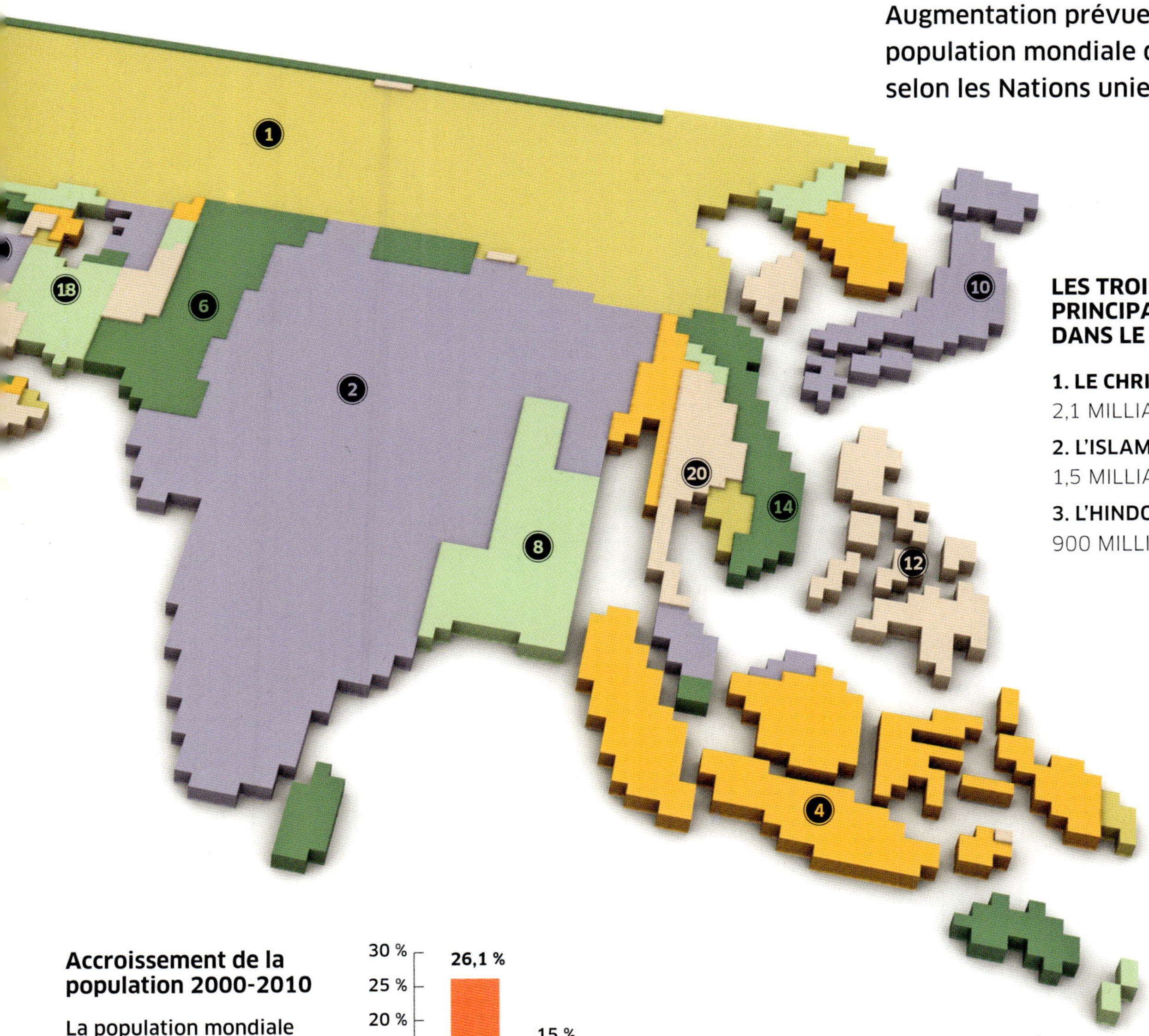

40 %

Augmentation prévue de la population mondiale d'ici 2050, selon les Nations unies.

LES TROIS PRINCIPALES RELIGIONS DANS LE MONDE

1. LE CHRISTIANISME
2,1 MILLIARDS DE FIDÈLES

2. L'ISLAM
1,5 MILLIARDS DE FIDÈLES

3. L'HINDOUISME
900 MILLIONS DE FIDÈLES

Accroissement de la population 2000-2010

La population mondiale augmente d'avantage dans les zones les moins développées. Les parties les plus riches du monde sont déjà densément peuplées.

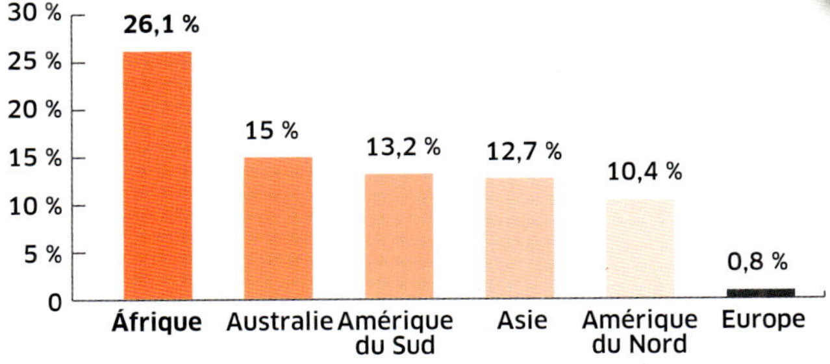

LES MONDES MODERNES

Au cours des derniers siècles, l'activité humaine a transformé la planète. De grandes zones forestières ont été rasées, au profit de l'agriculture intensive, alors que la pollution industrielle et agricole montrait ses effets sur l'environnement. Il nous faut désormais adopter un nouveau mode de vie, plus respectueux de notre planète.

CARBONE
La quantité de dioxyde de carbone dans l'atmosphère a augmenté de 40 % ces 150 dernières années.

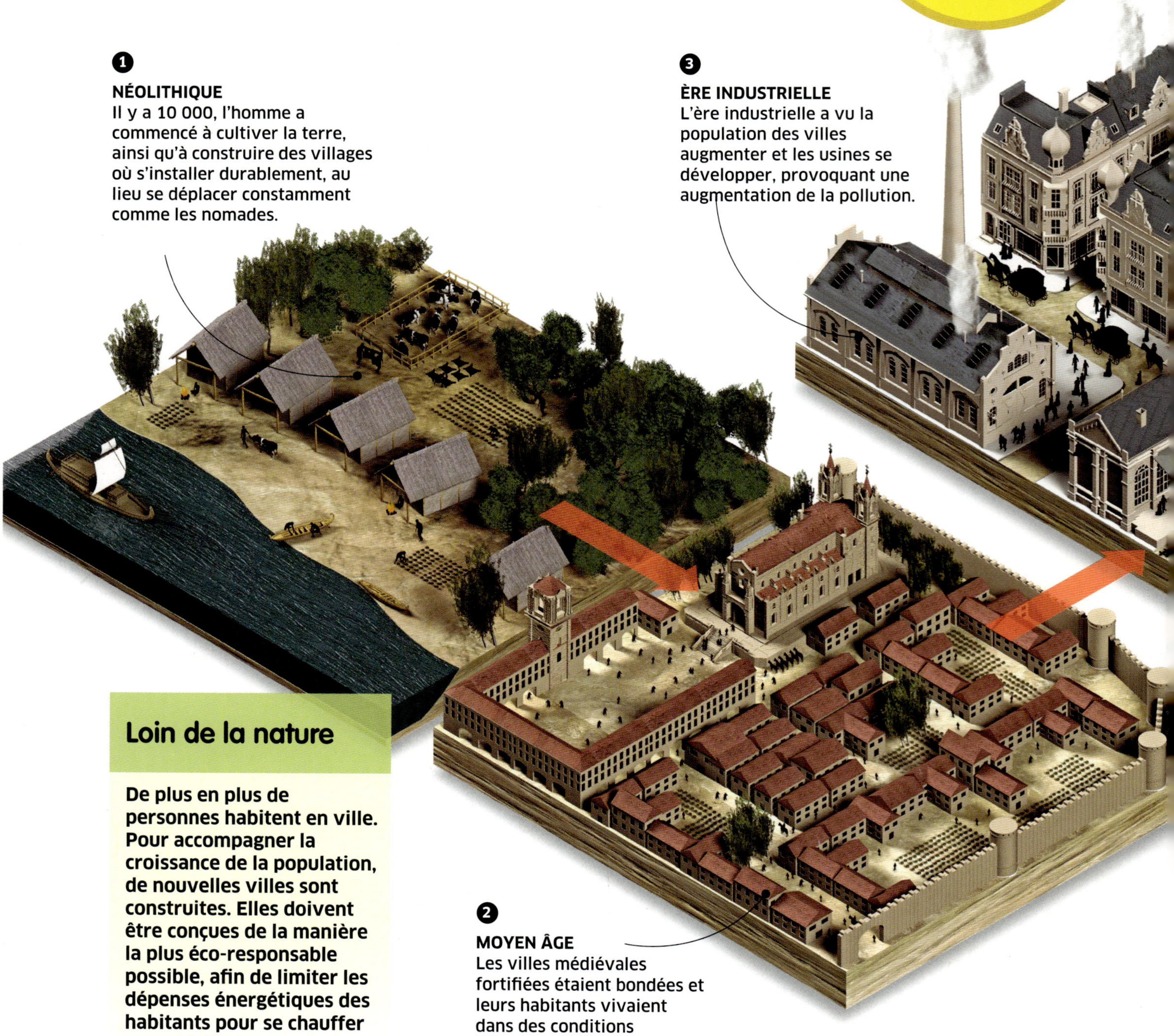

Loin de la nature

De plus en plus de personnes habitent en ville. Pour accompagner la croissance de la population, de nouvelles villes sont construites. Elles doivent être conçues de la manière la plus éco-responsable possible, afin de limiter les dépenses énergétiques des habitants pour se chauffer et se déplacer.

7 milliards
Population mondiale en 2011. Il y a 1 000 ans, elle n'était que de 300 millions (équivalent actuel de la population des États-Unis).

400 millions
Estimation du nombre de chiens sur la planète.

22 000
Nombre d'ours polaires dans le monde.

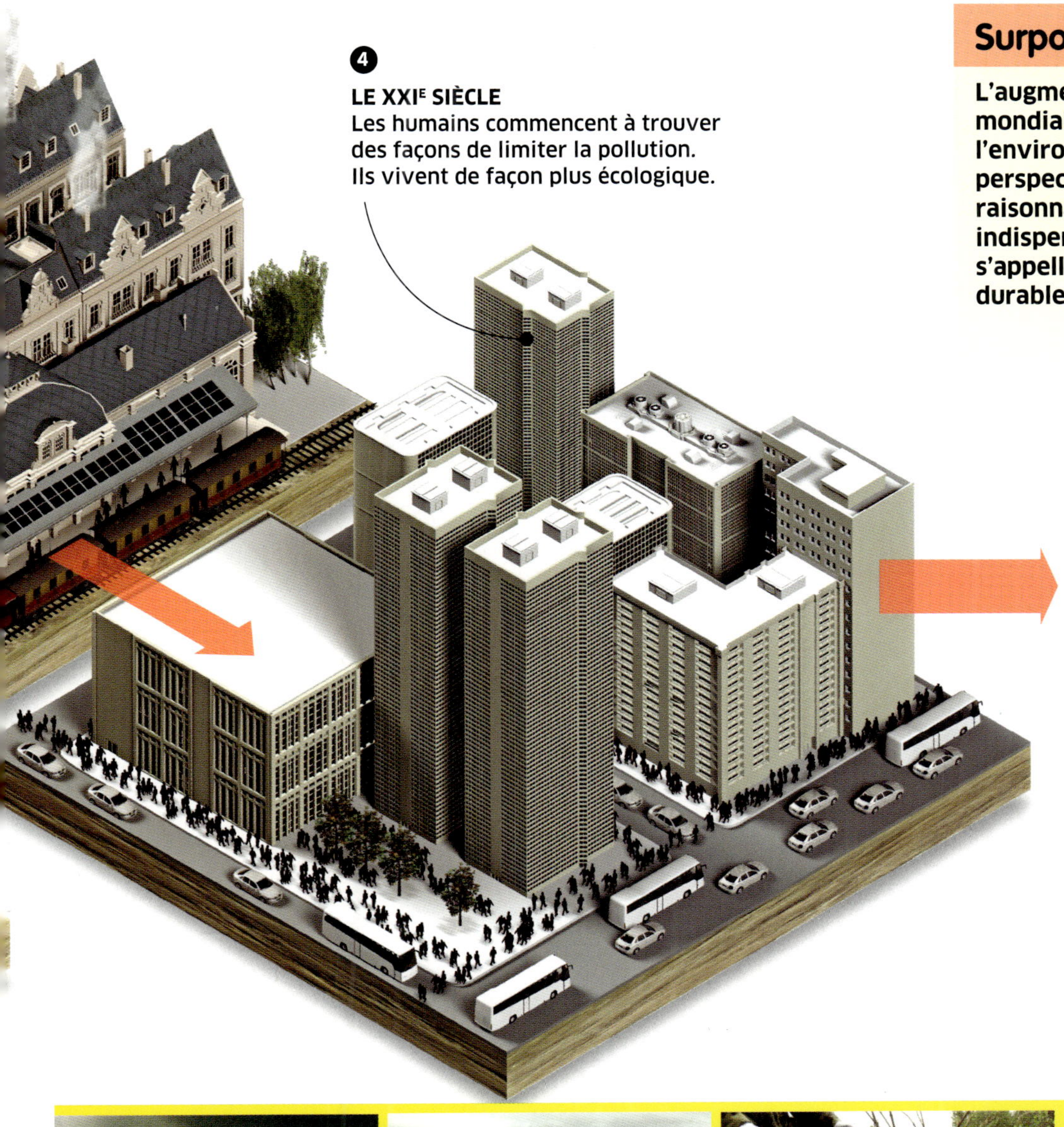

4
LE XXIᴱ SIÈCLE
Les humains commencent à trouver des façons de limiter la pollution. Ils vivent de façon plus écologique.

Surpopulation

L'augmentation de la population mondiale a un impact négatif sur l'environnement. De nouvelles perspectives de croissance, plus raisonnables, sont indispensables. Cette conception s'appelle le développement durable.

Menaces
Beaucoup de problèmes découlent de la surpopulation : la faim dans le monde, le réchauffement climatique, la pollution et la destruction de la vie sauvage.

LE CHANGEMENT CLIMATIQUE

Ces dernières années, la température moyenne de la Terre augmente lentement. Ce phénomène, appelé réchauffement climatique est en grande partie dû à l'activité humaine. Bien que ce réchauffement soit progressif, il provoque de graves problèmes dans certaines régions du monde.

RÉCIFS CORALLIENS
Beaucoup récifs coralliens meurent car la température de la mer augmente.

LES EFFETS DU RÉCHAUFFEMENT CLIMATIQUE

La température a augmenté de quelques dixièmes de degrés ces dernières décennies. Même si cela semble peu, l'équilibre naturel de la Terre est très fragile et ce changement peut le bouleverser. Le réchauffement climatique est devenu une réelle menace pour la survie de nombreux êtres vivants.

50 %
Diminution du nombre de manchots Adélie depuis 30 ans, à cause de la fonte des glaces.

Fonte des pôles
L'augmentation de la température provoque une impressionnante fonte des glaces aux pôles. Cela entraîne une hausse du niveau de la mer.

Inondations
Le changement climatique cause des inondations. Le Bangladesh a récemment subi l'une des pires inondations de son histoire.

Des îles englouties

Les îles Tuvalu et Kiribati (dans le Pacifique) et les Maldives (dans l'océan Indien) sont situées à basse altitude. Elles ne sont pas protégées contre la montée du niveau des océans. Quand bien même cette montée ne serait que de quelques centimètres, elles seraient immergées.

La disparition des glaciers
La fonte des glaciers est une des conséquences du réchauffement climatique.

Désertification
En Asie centrale, le réchauffement climatique provoque la sécheresse et la pénurie de nourriture.

Effet de serre

Les serres sont spécialement construites pour piéger la chaleur dont les plantes ont besoin pour pousser. L'effet de serre est un processus similaire dans lequel les gaz de l'atmosphère terrestre absorbent une partie de l'énergie solaire. Sans l'effet de serre, la planète serait trop froide pour y vivre.

Le dioxyde de carbone et le méthane sont des gaz à effet de serre. Le dioxyde de carbone est émis lorsque du charbon, du pétrole ou du gaz sont brûlés. Le méthane est produit par le bétail. La température de la Terre augmente de paire avec les quantités de ces deux gaz dans l'atmosphère.

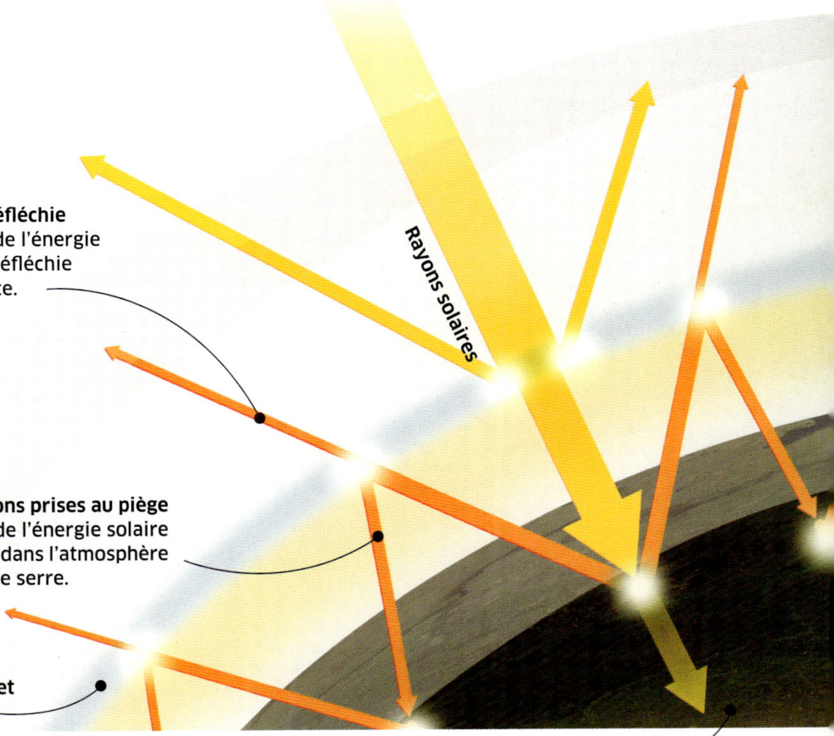

AMÉRIQUE DU NORD INTRODUCTION

Bordée par deux océans, l'Atlantique et le Pacifique, l'Amérique du Nord se divise en trois grands pays, le Canada, les États-Unis et le Mexique. Des montagnes Rocheuses à l'ouest aux Appalaches à l'est, les paysages d'Amérique du Nord comprennent aussi une immense plaine centrale, des forêts tropicales et des déserts chauds dans le sud, et des glaciers polaires dans le nord.

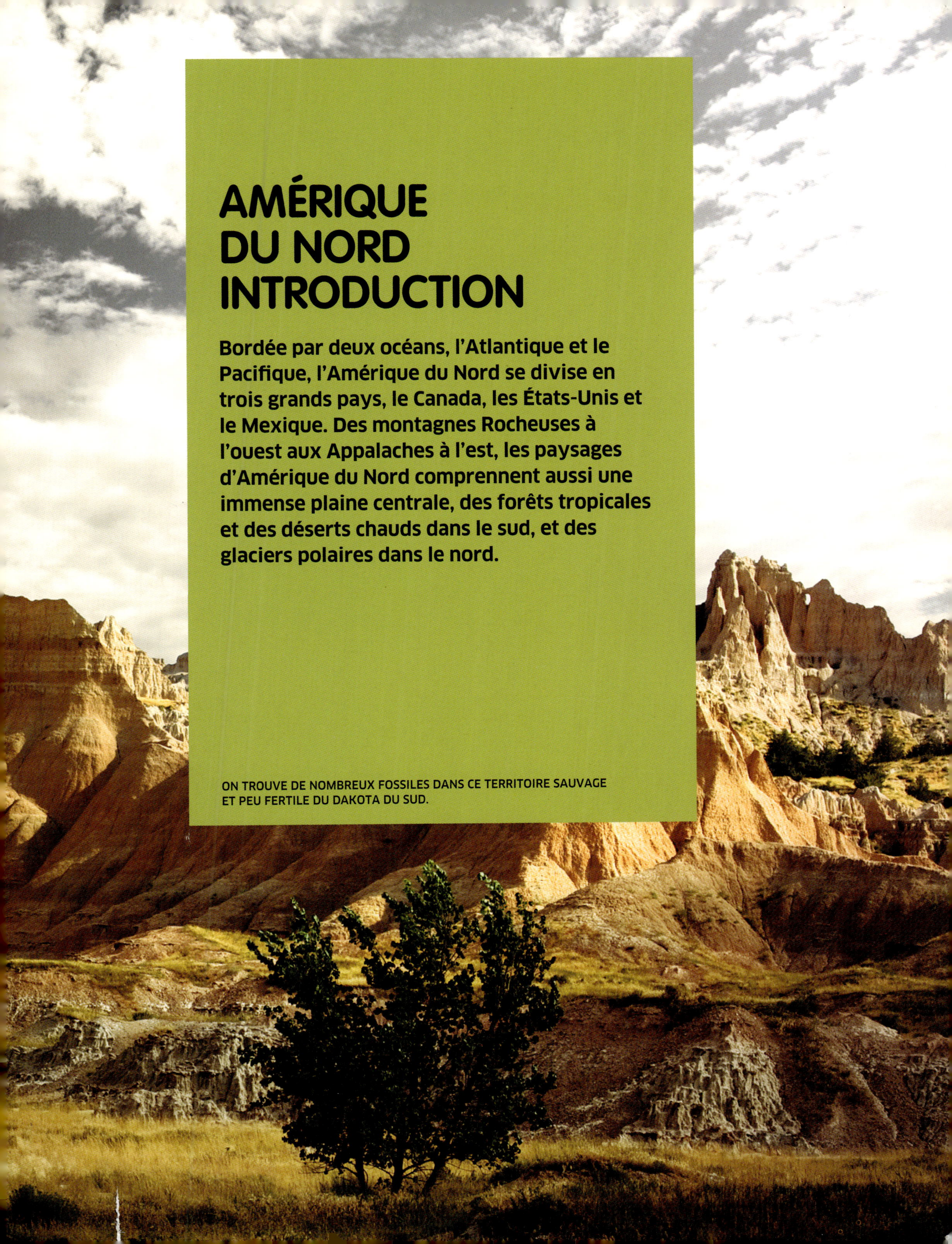

ON TROUVE DE NOMBREUX FOSSILES DANS CE TERRITOIRE SAUVAGE ET PEU FERTILE DU DAKOTA DU SUD.

AMÉRIQUE DU NORD
CARTE PHYSIQUE

AMÉRIQUE DU NORD
CARTE POLITIQUE

LES ROCHEUSES

Cette chaîne de montagnes longe la côte ouest de l'Amérique du Nord. Elle s'étend sur 4 800 km, du nord-ouest du Canada jusqu'au sud-ouest des États-Unis. Ses paysages grandioses en font une destination touristique, surtout pour la randonnée, le camping, la pêche, le VTT, le ski et le snowboard.

VISITES

Les Rocheuses accueillent plus de 3 millions de visiteurs par an.

Quatre régions

Les Rocheuses bordent les Grandes Plaines à l'est et sont limitées à l'ouest par une vallée, le Sillon des Rocheuses. Les géographes les divisent en quatre parties, appelées « provinces ». La province la plus la plus au Nord inclut la chaîne Brooks, qui va du Canada à l'Alaska.

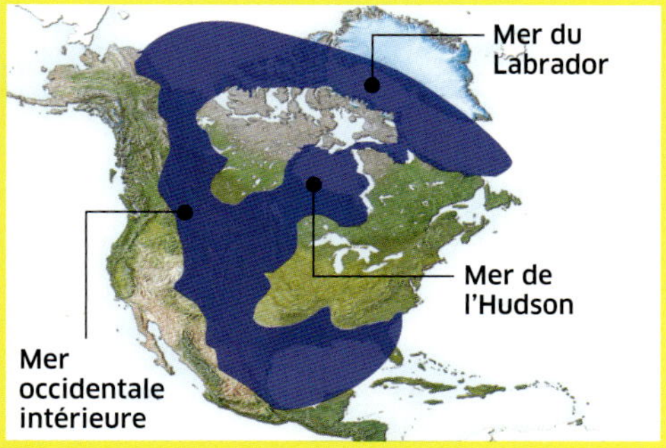

Genèse

Montagnes jeunes, les Rocheuses se sont formées il y a 75 millions d'années, à la place d'une étendue marine dont le plancher s'est soulevé.

Province arctique
La chaîne de l'Alaska, attenante aux Rocheuses, comprend le point culminant d'Amérique du Nord, le mont McKinley (6 194 m).

Province du Nord
Depuis la Colombie britannique, les Rocheuses s'étendent entre le Canada et les États de Washington, de l'Idaho et du Wyoming. Cette partie de la chaîne est très accidentée et spectaculaire, avec des glaciers dans certaines zones. Le mont Robson (3 954 m) est le point culminant de la province.

Province centrale
Cette partie domine l'État du Wyoming. Sont point culminant est le pic Gannett (4 207 m). .

Province du Sud
Cette partie est la plus haute des Rocheuses. Son point culminant est le mont Elbert (4399 m).

Profil topographique

Cette représentation schématique révèle la succession des sommets majestueux des Rocheuses.

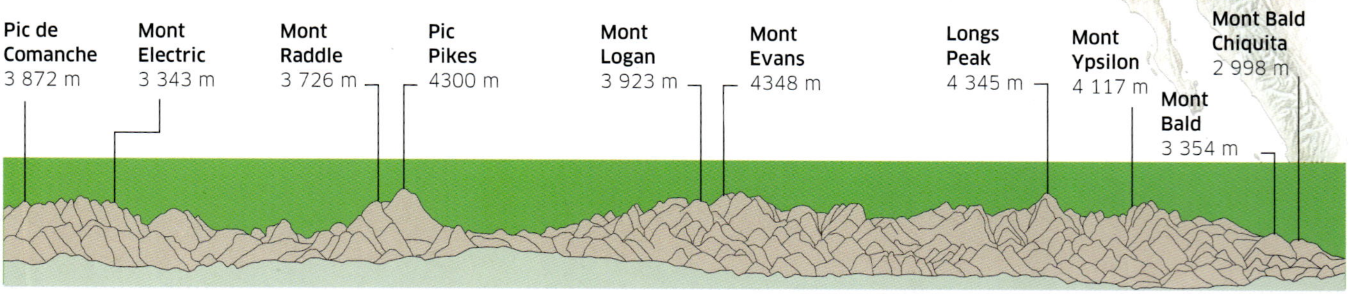

LES APPALACHES

Les Appalaches sont caractéristiques du paysage nord-américain. Ces montagnes se sont formées il y a environ 480 millions d'années. Leur point culminant est le mont Mitchell (2 307 m).

MINES

La vie sauvage des Appalaches est menacée par l'exploitation minière.

Riches en couleurs L'automne apporte une multitude de couleurs dans les hautes terres des Appalaches.

Le houx américain

Avec ses baies rouges et brillantes, le houx américain est l'arbre typique de la région.

Lièvre américain

Ce lièvre à queue blanche est très bien adapté au climat montagnard des Appalaches.

INFOS

Mont Mitchell

Situé en Caroline du Nord, à l'est du Mississippi, le mont Mitchell est le point culminant des Appalaches.

Faune et flore

La montagne abrite une multitude de petits mammifères, d'oiseaux et d'insectes. Dans les sous-bois, on observe fréquemment des ours noirs et des cerfs wapitis.

Susquehanna

Le fleuve Susquehanna coule en bordure des Appalaches, traverse également la Pennsylvanie et le Maryland. Sa source est située dans l'État de New York.

LE MONT SAINT HELENS

Volcan parmi les plus actifs d'Amérique du Nord, le mont Saint Helens, est situé dans l'État de Washington. Il est resté endormi durant des années puis, le 18 mai 1980, il est entré en éruption, tuant 57 personnes. Des coulées de lave détruisirent 600 km² de forêt. Le lac voisin a débordé, provoquant des coulées de boue destructrices.

DESTRUCTION
L'éruption de 1980 détruisit 250 maisons, 47 ponts et 300 kilomètres d'autoroute.

Type de volcan	stratovolcan
Éruptions récentes	1980, 1998, 2004
Pertes humaines	57

Comment le mont Saint Helens est-il entré en éruption?

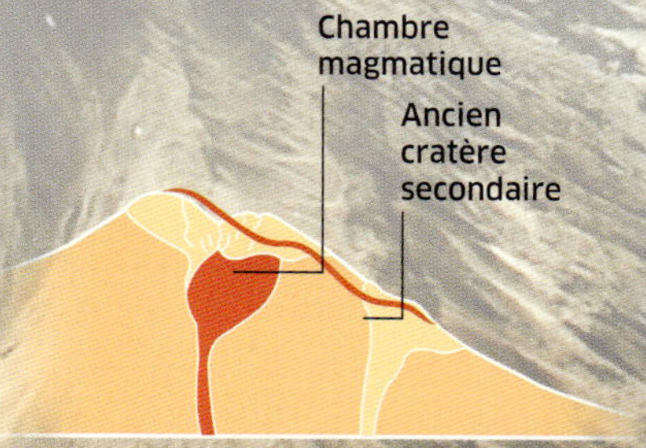

1 Avant l'éruption, on observait un renflement de la partie nord du volcan.

L'ÉRUPTION DU MONT SAINT HELENS

Avant et après l'éruption

Avant l'éruption de 1980, le volcan Saint Helens était entouré de forêts et de champs. Il a maintenant une forme de fer-à-cheval.

Pendant l'explosion

L'énergie dégagée était 100 fois plus puissante que celle d'une bombe atomique. L'explosion a duré neuf heures !

La cendre brûlante a détruit les forêts sur plusieurs kilomètres.

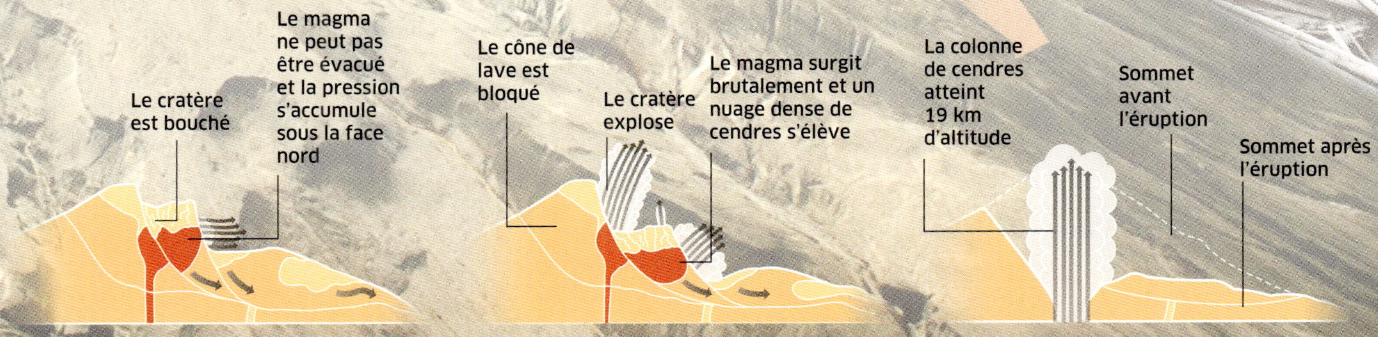

2 La pression exercée augmente sur le côté nord.

3 Lave, cendres et gaz sont éjectés dans une violente explosion.

4 Le nuage de cendres est au maximum de son développement.

LES MILIEUX ARIDES

Ce sont des pluies, faibles et rares, qui différencient l'habitat aride, ou semi-désertique, du vrai désert. L'humidité permet aux cactus, aux arbustes et à d'autres plantes de pousser. La végétation, plus abondante à certaines périodes de l'année, est favorable au maintien de la vie animale. En hiver, le froid s'ajoute à la sècheresse et les animaux hibernent ou cherchent un abri.

LOCALISATION
Aux États-Unis, le Colorado, le Texas et le Montana sont des états en zones arides.

STOCKAGE DE L'EAU

Les plantes aux racines superficielles captent mieux l'eau des faibles pluies. Les feuilles et tiges épaisses retiennent l'eau. Les cactus ont des feuilles réduites à des épines, ce qui limite fortement les pertes d'eau, tout en les protégeant.

Cactus Saguaro
L'intérieur de la tige charnue de ce cactus peut se déplier comme un accordéon pour mieux stocker de l'eau (jusqu'à 80 % de son poids). Il peut atteindre 14 m de haut et peser 10 tonnes. Ses racines profondes mesurent jusqu'à 30 m de long.

Le semi-désert américain

L'hiver est très rigoureux dans le semi-désert : la température peut descendre jusqu'à -30 °C. Les animaux trouvent alors refuge dans la végétation et les cactus, qui constituent également une source d'eau.

Scorpion du désert
Sa queue lui sert d'arme et lui permet d'injecter du venin à sa proie.

LES MILIEUX ARIDES D'AMÉRIQUE DU NORD

Écologie

Il ne tombe qu'un peu plus de 250 mm de pluie par an, ce qui ne permet qu'à des plantes grasses (comme les cactus) de se maintenir, mais d'autres plantes germent et fleurissent après la pluie.

Stratégie végétale

Après avoir utilisé ses feuilles pour se développer, l'ocotillo (ci-dessous) les perd pour économiser de l'énergie en saison froide. Ses épines le protègent.

Vivre sans eau

Adulte, la tortue du désert peut survivre sans eau durant presque un an. Ses pattes avant sont adaptées pour creuser de profonds terriers, desquels elle sort pour se nourrir tous les matins et tous les soirs. Elle vit entre 50 et 80 ans.

UNE MARÉE NOIRE

Le 20 avril 2010, la plateforme pétrolière Deepwater Horizon de la compagnie BP explosait dans le golfe du Mexique, à 70 km au large de la Nouvelle-Orléans, avant de couler le 22 avril. Entre temps, des milliers de litre de pétrole se sont déversés dans l'océan, jusqu'à ce que la fuite soit stoppée, en septembre.

Nappe de pétrole
Les autorités américaines ont vite installé des barrages flottants, pour empêcher le pétrole d'atteindre la côte.

UTILISATION DES DISPERSANTS CONTRE LES MARÉES NOIRES

Comment éliminer le pétrole ?

Pour nettoyer les marées noires, on utilise des produits chimiques (des dispersants) qui transforment le pétrole en d'autres substances, qui seront recyclées.

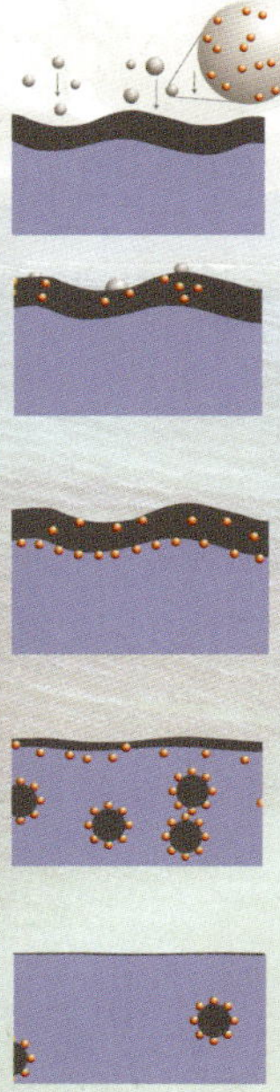

Le dispersant (qui contient un produit nettoyant) est répandu.

Les produits chimiques pénètrent dans la nappe.

Ils réduisent la flottaison du pétrole.

Des gouttes de pétrole se séparent de la nappe et coulent.

Après dispersion, il ne reste qu'une fine couche brillante.

TRAVAIL D'ÉQUIPE
NETTOYER LA CÔTE

Un défi physique

La réussite du nettoyage des côtes repose sur une bonne organisation et un travail d'équipe. Parfois, le pétrole peut être arrêté par des sacs de sable (à droite).

Nettoyeurs

Pour éliminer le pétrole des rochers, on utilise des nettoyeurs à haute pression (à droite).

Catastrophe écologique Pétrole en flammes après l'accident. La plateforme Deepwater Horizon extrayait le pétrole du fond du golfe.

MARÉE NOIRE
UN DÉSASTRE NATUREL

Fermeture de pêcheries

En Louisiane, des huîtres et des crevettes touchées par la marée noire ont dû être éliminées.

Oiseaux mazoutés

Des volontaires ont aidé à nettoyer les plumes des pélicans trouvés au large de la Louisiane.

Manifestations écologistes

Des écologistes du monde entier ont manifesté leur colère lors de la marée noire du golfe du Mexique.

Empoisonnement à long terme

Les animaux souffrent de la pollution pétrolière, comme les tortues de mer (ci-dessous), migrant vers le Mexique.

LE CLIMAT

Très varié, et parfois extrême, le climat nord-américain va du froid polaire de l'Alaska et du nord du Canada à la chaleur aride du désert du Mexique et du sud-ouest des États-Unis. Les tornades et les ouragans sont fréquents.

L'ouragan Katrina À la Nouvelle-Orléans, de graves inondations ont suivi l'ouragan de 2005.

OURAGAN KATRINA

Golfe du Mexique

L'ouragan tropical Katrina, formé dans le golfe du Mexique, est l'un des plus violents de l'histoire des États-Unis.

Inondations en Nouvelle-Orléans

Les pluies violentes de Katrina ont provoqué des inondations en Nouvelle-Orléans (ci-dessous).

TORNADES
TEXAS

Tourbillons d'air

Les tornades sont fréquentes au Texas. Il s'agit de colonnes d'air chaud très dangereuses et destructrices.

TONNERRE ET FOUDRE
GOLFE DU MEXIQUE

L'effet des contrastes

L'atmosphère du golfe du Mexique est chaude et très humide. Lorsque des masses d'air chaud et d'air froid se rencontrent, cela déclenche des orages.

ALERTES MÉTÉO
ÉTATS-UNIS

Chaos sur les routes

En cas d'alerte météo, les habitants reçoivent l'ordre de se rendre dans des zones sécurisées, ce qui cause des embouteillages.

Parc d'État d'Anza-Borrego
Des plantes typiques des régions arides poussent dans ce parc du désert californien.

Coyote

Ce canidé américain est un chasseur habile, adapté au désert.

Serpent à sonnette

Ce crotale très venimeux vit dans les zones désertiques des États-Unis.

DÉSERTS
ÉTATS-UNIS

Red Rock Canyon

Le paysage du Red Rock Canyon, forgé par le vent et la pluie, a servi de décor à de nombreux films.

Désert de Chihuahua

C'est l'un des plus grands déserts d'Amérique du Nord. Le climat y oscille entre de basses températures hivernales et des étés très chauds.

Cozumel (Mexique)

Cozumel est situé à 18 km de la côte du Yucatán. Les courants marins du golfe du Mexique favorisent la douceur des températures (26 °C) dans ce site très touristique. Des espèces animales ne vivent que là, comme le raton de Cozumel.

POPULATION ET ÉCONOMIE

Selon le Bureau du recensement des États-Unis, le pays compte, en 2012, 313 136 227 habitants et sa croissance démographique est l'une des plus fortes des pays industrialisés.
Le Canada et les États-Unis sont considérés comme deux grandes puissances mondiales.

Le Congrès américain
Un des bâtiments emblématiques de Washington.

Le Capitole

Il abrite depuis plus de deux siècles la Chambre des représentants (l'équivalent américain de l'Assemblée nationale) et le Sénat.

ÉTATS-UNIS
GÉOGRAPHIE HUMAINE

Miami, Floride
Miami (ci-dessous) est l'une des villes les plus densément peuplées des États-Unis, avec New York.

Cap Canaveral
Il s'agit du centre spatial américain, situé sur la côte atlantique des États-Unis, en Floride.

Silicon Valley, Californie
Les industries de pointe fleurissent dans la Silicon Valley. Cette zone regroupe la Vallée de Santa Clara et la moitié sud de la péninsule de San Francisco.

Académie des Beaux-Arts Elle se situe dans le centre historique de Mexico.

MEXICO
MÉGALOPOLE MEXICAINE

Vue aérienne

Mexico est la plus grande ville du Mexique, avec plus de 20 millions d'habitants. Elle est divisée en plusieurs districts, chacun avec ses caractéristiques.

ÉCONOMIE
CANADA

Industrie

Le Canada est l'un des pays les plus développés. L'informatique, l'automobile, l'aéronautique et la chimie occupent une part importante de l'économie. Des forêts d'épicéas, de pins et de cèdres permettent la fabrication à grande échelle de pâte à papier pour la presse.

Nathan Phillips Square Cette place est au cœur du centre ville de Toronto, au Canada.

MEXICO

Surpeuplée et très polluée, Mexico est pourtant une ville imprégnée d'histoire, bâtie sur le territoire de l'ancienne capitale Aztèque, Tenochtitlan. Dans certains lieux, dont le très chic quartier de la Reforma, les bâtiments coloniaux côtoient les immeubles modernes.

Pays	Mexique
Superficie	1 485 km²
Population	8 840 000 (intra muros)
Densité	5 952 hab./km²

EMBLÈME DE LA VILLE

L'ange de l'indépendance

L'Ange de l'indépendance a été érigé en 1910 en l'honneur de ceux qui ont lutté contre la domination espagnole. Conçu par Antonio Rivas Mercado, il est situé sur le Paseo de la Reforma, qui relie le centre ville au parc de Chapultepec.

Victoire ailée
La statue de bronze représente un ange volant, bras ouverts. Dans sa main droite, il brandit une couronne de lauriers.

Le burrito
Spécialité culinaire mexicaine : galette de maïs (tortilla) remplie de viande et de légume et servie avec une sauce épicée.

La cathédrale

C'est la plus grande église d'Amérique latine, elle domine la place principale de Mexico, avec ses chapelles très décorées.

Le Zócalo
Vue de la place principale de Mexico.

Transports en commun pour les femmes

Certains bus (ainsi que des métros et des trains) sont réservés aux femmes et aux enfants.

Musée Frida Kahlo

La peintre Frida Kahlo vécut toute sa vie dans le quartier de Coyoacán. Aujourd'hui, sa maison est devenue un musée où ses objets personnels (son lit, ses robes) sont exposés.

Palais national

Ce palais est un bâtiment officiel important au Mexique. Les escaliers et deux de ses cours ont été décorés par le peintre mexicain Diego Rivera.

LA PLACE ZÓCALO
Le Zócalo est l'une des plus grandes places au monde. Elle est ornée de nombreux drapeaux.

PARCS ET PROMENADES
CHAPULTEPEC ET XOCHIMILCO

Lieux paisibles dans une ville agitée

Xochimilco est le seul endroit à Mexico où sont encore visibles les jardins flottants (ou chinampas), construits par les Aztèques.

Quant au parc de Chapultepec, c'est un immense et paisible espace vert au milieu de cette ville débordante d'activité.

Population

La Constitution mexicaine distingue 62 populations différentes dans le pays. Chacune entretient des liens historiques étroits avec la terre. Les cultures et les langues sont protégées.

LA STATUE DE LA LIBERTÉ

Surplombant l'embouchure de l'Hudson, au sud de Manhattan (New York), la Statue de la Liberté est l'un des monuments les plus célèbres au monde. « La Liberté éclairant le monde » fut offerte par la France aux États-Unis en 1886, pour le centenaire de l'indépendance américaine.

DESCRIPTION TECHNIQUE

Ouverture :
28 octobre 1886

Emplacement :
Liberty Island,
New York, États-Unis

Construction :
L'extérieur est fait de plaques de cuivre. En raison de sa taille, il repose sur quatre gigantesques supports en acier cachés à l'intérieur.

EN DÉTAIL

Structure
La solidité de la statue lui est conférée par une tour intérieure. Un squelette autour de cette tour maintient en place l'enveloppe de cuivre.

Plaque
À l'intérieur de la statue est exposée une plaque sur laquelle est gravé le poème « Le Nouveau colosse » d'Emma Lazarus.

Base
La base carrée repose sur un socle en forme d'étoile.

Les musées
Il y a deux musées aux pieds de la Statue.

Le sculpteur

La statue rappelle le célèbre Colosse de Rhodes. Elle est l'œuvre du sculpteur français Frédéric Auguste Bartholdi.

Torche
La première torche était en cuivre. En 1916, le cuivre a été remplacé par 600 vitraux jaunes qui la font briller.
La flamme est, quant à elle, couverte de feuilles d'or.

Manhattan
La Statue offre aux touristes l'une des plus belles vues sur Manhattan. Avec 8,1 millions d'habitants, Manhattan est une des plus grandes zones urbaines du monde.

Ascenseur

Un ascenseur monte jusqu'au 10e étage. Les 12 étages restants doivent être gravis à pied.

La couronne
La couronne est ornée de sept pics, qui représentent les sept mers et les sept continents.

Tablette
Dans sa main gauche, une tablette porte la date de l'indépendance américaine.

Image
La statue était la première chose que voyaient les immigrants arrivant par bateau aux États-Unis.

92,99 m

Hauteur de la Statue, de la base jusqu'à la torche.

Statue
Photo en gros plan du célèbre monument.

L'AMÉRIQUE CENTRALE ET LES CARAÏBES INTRODUCTION

Les pays d'Amérique centrale occupent l'isthme de Panamá, un cordon de terre reliant l'Amérique du Sud et l'Amérique du Nord, entre la mer des Caraïbes et l'océan Pacifique. Cuba et les autres îles des Caraïbes se situent à l'est de l'Amérique centrale, dans la mer des Caraïbes.

L'Amérique centrale et les Caraïbes sont des régions volcaniques. Leur climat tropical humide est propice au développement d'une végétation luxuriante.

UN INCROYABLE HABITAT NATUREL
LA FORÊT TROPICALE DU BELIZE ABRITE UNE MULTITUDE D'ESPÈCES ANIMALES ET VÉGÉTALES ENCORE INCONNUES.

AMÉRIQUE CENTRALE ET CARAÏBES **CARTE PHYSIQUE**

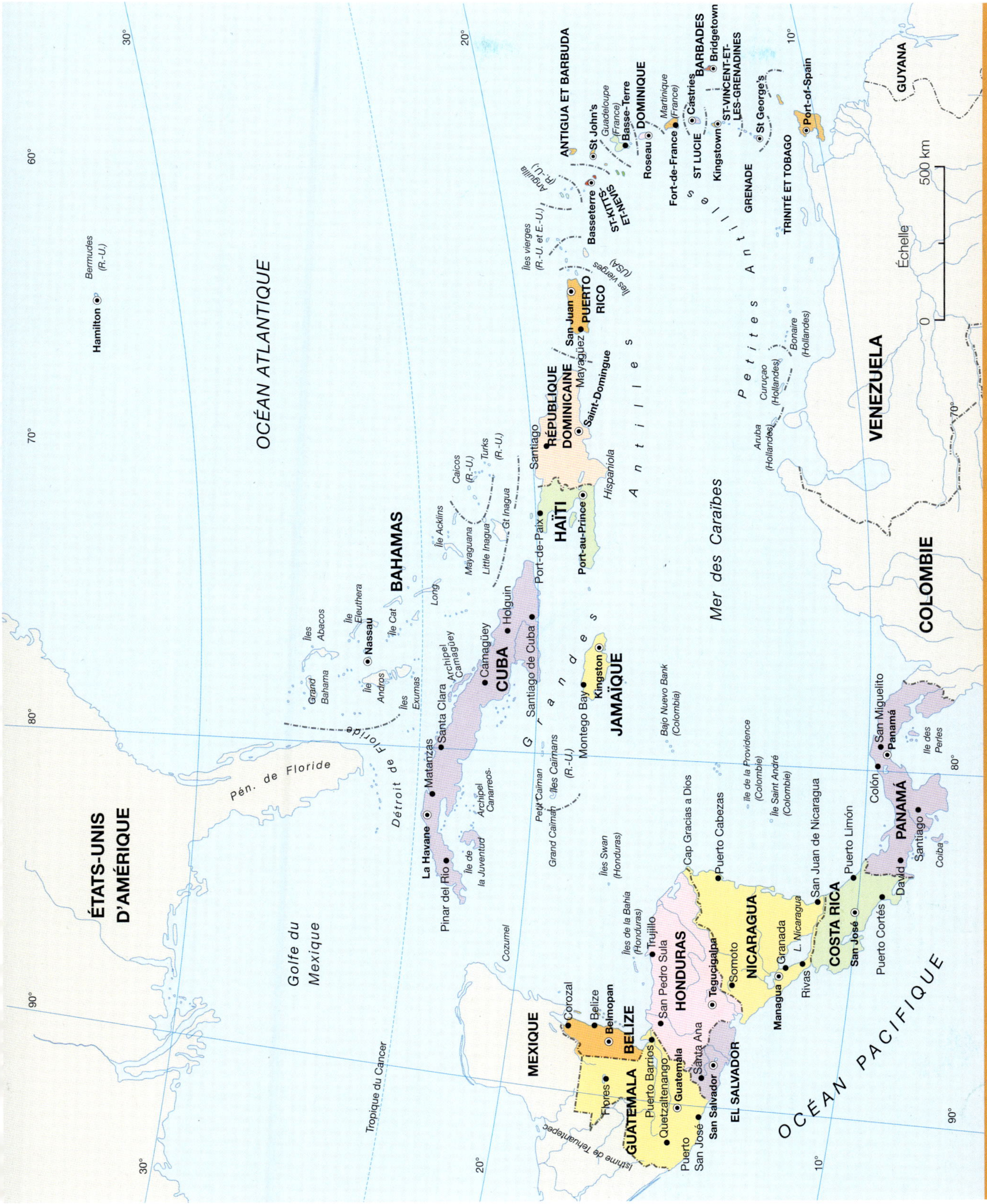

AMÉRIQUE CENTRALE ET CARAÏBES **CARTE POLITIQUE**

LA FAUNE ET LA FLORE

Les paysages d'Amérique centrale sont montagneux, avec des forêts côtières et de grandes plages. Les forêts et le littoral d'Amérique centrale abritent de nombreuses espèces de plantes et d'animaux (alligators, iguanes, coraux).

Kinkajou

Le kinkajou, aussi appelé « singe de nuit », vit en Amérique centrale. C'est un mammifère nocturne, qui grimpe dans les arbres et se nourrit de fruits.

Jaguar

Le jaguar (à gauche) est le plus grand carnivore du continent américain, et l'un des plus grands au monde. Ce félin est en voie d'extinction.

Ara rouge

L'ara rouge (ou ara macao) fait son nid dans les arbres creux des régions forestières. Il se nourrit de graines et de fruits.

Quetzal

Avec son plumage coloré et sa longue queue, le quetzal est l'emblème national du Guatemala.

Guatemala
Semuc Champey est un lac situé sur le cours du fleuve Cahabón, au Guatemala.

Lézard arboricole

L'iguane vert est un lézard herbivore qui vit dans les arbres. Il occupe les zones où la végétation est dense.

Requin pointe blanche

Ce requin vit dans l'océan Pacifique. Il peut mesurer jusqu'à 3 mètres de long. Il représente un danger pour l'homme.

UNE RÉSERVE NATURELLE
LE PARC NATIONAL DE TIKAL

Les ruines dans la forêt

Situé dans la région de Petén, au Guatemala, le parc national de Tikal est célèbre pour sa faune : pumas, jaguars, nombreuses espèces d'oiseaux (toucans, perroquets) et de singes. On y trouve les ruines de l'une des plus grandes cités de la civilisation Maya.

LA VIE MARINE HAUTE EN COULEURS

Les récifs coralliens au Belize

Les eaux littorales du Belize sont caractérisées par des récifs coralliens d'environ 300 km de long. Ce sont les plus grands au monde, après ceux de la Grande barrière de corail en Australie. Leur biodiversité est remarquable.

POPULATION ET ÉCONOMIE

La population d'Amérique centrale et des Caraïbes descend majoritairement de peuples de l'Ancien Monde (Afrique, Europe et Asie). L'économie de la plupart des pays repose sur le tourisme et l'agriculture (bananes, coton, canne à sucre, tabac).

Haïti
Haïtiens vendant des fruits et des légumes dans la rue.

Régime de bananes

La banane est le principal fruit exporté d'Amérique centrale et des îles des Caraïbes.

Le tabac
C'est l'un des premiers produits agricoles de Cuba, mais aussi du Guatemala, du Nicaragua, de la République dominicaine et du Honduras.

Cannes à sucre
La canne à sucre, traditionnellement récolté à la main, donne du travail à beaucoup d'habitants dans la région.

République dominicaine
Village de pêcheurs typique, sur la côte du nord-ouest.

PRINCIPAUX
GROUPES ETHNIQUES

L'héritage africain

Les origines africaines de la population transparaissent dans les traditions du quotidien. Les danses comme le mambo s'inspirent de la musique africaine : on parle de « musiques afro-cubaines ». De même, beaucoup de croyances populaires évoquent des religions africaines.

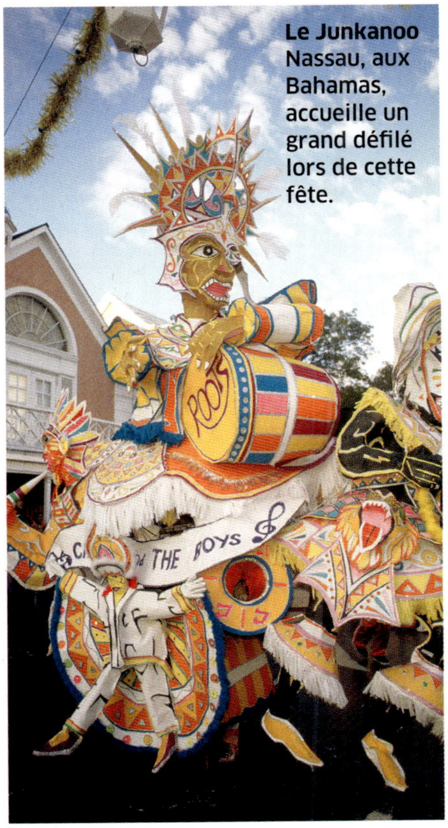

Le Junkanoo
Nassau, aux Bahamas, accueille un grand défilé lors de cette fête.

VIE QUOTIDIENNE
ACTIVITÉS FÉMININES

Inégalité entre les sexes

En Amérique centrale, si les femmes travaillent plus que les hommes, de récentes études montrent pourtant qu'elles ne sont souvent pas payées.

RÉCOLTES PERDUES
LES PLUIES INTENSES

Honduras

En 2010, le Honduras a subi de fortes pluies. Elles ont provoqué des glissements de terrain, détruit de nombreuses maisons et dévasté les récoltes.

LE CANAL DE PANAMÁ

Résultat d'un brillant travail d'ingénierie, le canal de Panamá permet aux bateaux de passer de l'Atlantique au Pacifique sans avoir à contourner l'Amérique du Sud. Le premier navire l'a traversé en 1914. En 2007, des travaux d'extension du canal ont débuté.

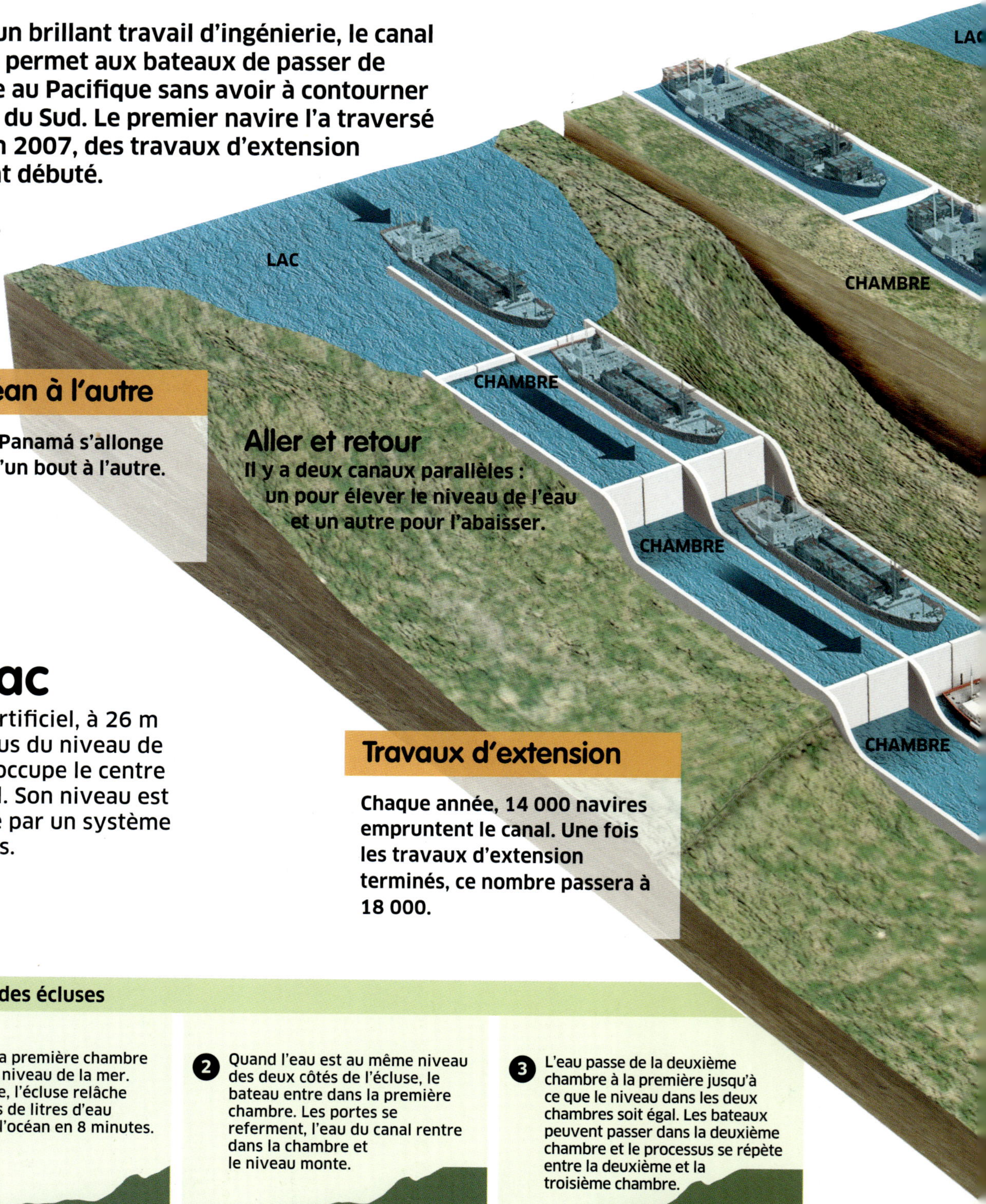

D'un océan à l'autre

Le canal de Panamá s'allonge sur 80 km d'un bout à l'autre.

Aller et retour

Il y a deux canaux parallèles : un pour élever le niveau de l'eau et un autre pour l'abaisser.

Le lac

Un lac artificiel, à 26 m au-dessus du niveau de la mer, occupe le centre du canal. Son niveau est contrôlé par un système d'écluses.

Travaux d'extension

Chaque année, 14 000 navires empruntent le canal. Une fois les travaux d'extension terminés, ce nombre passera à 18 000.

Système des écluses

1. L'eau dans la première chambre doit être au niveau de la mer. Pour ce faire, l'écluse relâche 378 millions de litres d'eau douce dans l'océan en 8 minutes.

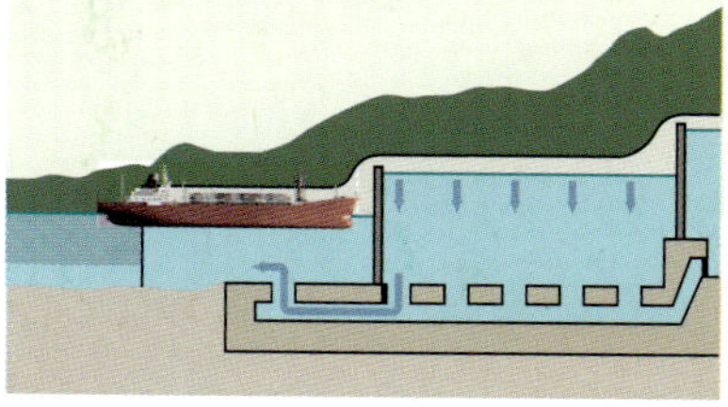

2. Quand l'eau est au même niveau des deux côtés de l'écluse, le bateau entre dans la première chambre. Les portes se referment, l'eau du canal rentre dans la chambre et le niveau monte.

3. L'eau passe de la deuxième chambre à la première jusqu'à ce que le niveau dans les deux chambres soit égal. Les bateaux peuvent passer dans la deuxième chambre et le processus se répète entre la deuxième et la troisième chambre.

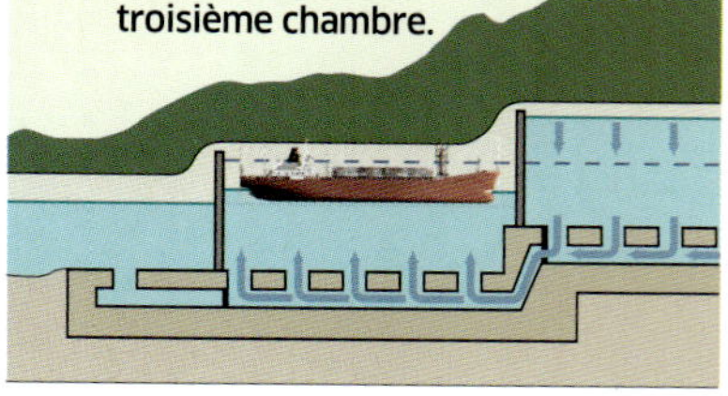

8–10 h

Temps moyen de traversée du canal par un bateau.

LE NOUVEAU CANAL
TRAVAUX COMMENCÉS EN 2007

Pour les grands navires
Pendant des décennies, les marchandises étaient transportées sur des bateaux spécialement dimensionnés pour franchir le canal mais la plupart des navires actuels sont trop gros.

De gigantesques écluses
Deux nouvelles écluses (construites à côté du canal) permettront à ces navires plus imposants de traverser. Le nouveau canal sera aussi équipé d'un système de bassins pour retenir l'eau douce.

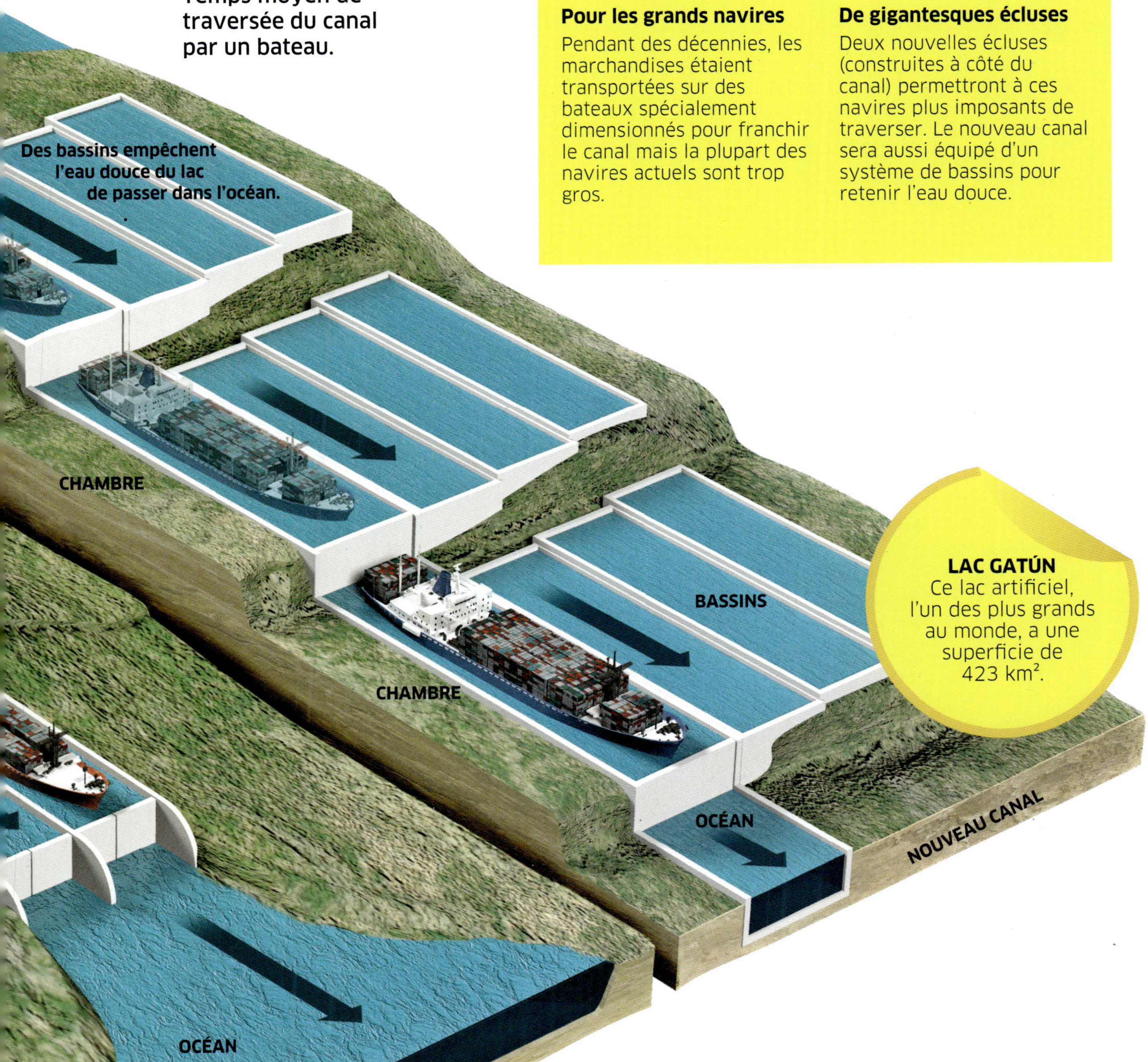

LAC GATÚN
Ce lac artificiel, l'un des plus grands au monde, a une superficie de 423 km².

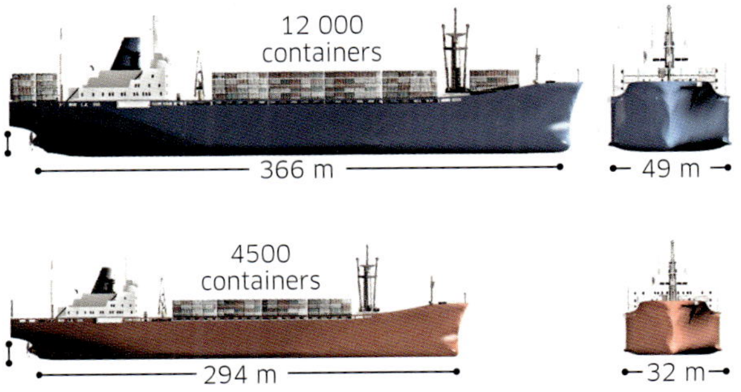

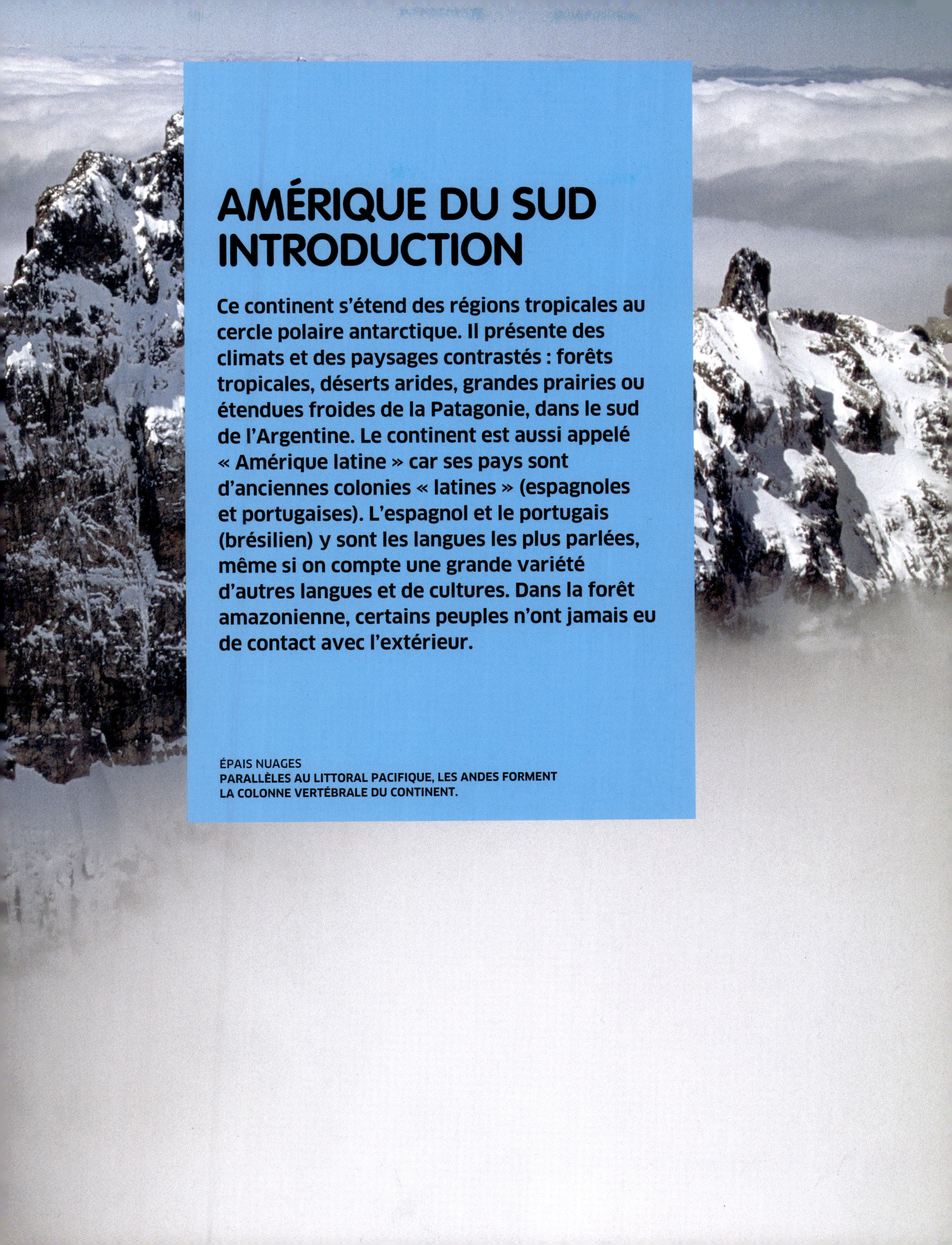

AMÉRIQUE DU SUD INTRODUCTION

Ce continent s'étend des régions tropicales au cercle polaire antarctique. Il présente des climats et des paysages contrastés : forêts tropicales, déserts arides, grandes prairies ou étendues froides de la Patagonie, dans le sud de l'Argentine. Le continent est aussi appelé « Amérique latine » car ses pays sont d'anciennes colonies « latines » (espagnoles et portugaises). L'espagnol et le portugais (brésilien) y sont les langues les plus parlées, même si on compte une grande variété d'autres langues et de cultures. Dans la forêt amazonienne, certains peuples n'ont jamais eu de contact avec l'extérieur.

ÉPAIS NUAGES
PARALLÈLES AU LITTORAL PACIFIQUE, LES ANDES FORMENT LA COLONNE VERTÉBRALE DU CONTINENT.

AMÉRIQUE DU SUD
CARTE PHYSIQUE

AMÉRIQUE DU SUD
CARTE POLITIQUE

FAUNE ET FLORE

L'Amérique du Sud, avec ses immenses forêts, ses larges fleuves, sa pampa et ses montagnes offre une diversité d'habitats qui explique l'abondance des espèces. La forêt tropicale et le littoral sont les zones les plus riches en faune et flore.

Nénuphars géants On les trouve dans les zones humides du Pantanal, au Brésil.

BASSIN AMAZONIEN

Une vie foisonnante

La plus grande forêt au monde est traversée par l'Amazone. La biodiversité y est plus riche que dans les autres habitats terrestres. L'Amazone est le 2e plus grand fleuve de la planète, mais le premier en ce qui concerne le débit d'eau. Il représente 20 % de l'eau des fleuves et rivières du monde.

PAMPA ET BROUSSE
ANDES – PATAGONIA

Des espèces résistantes

La pampa est une prairie qui s'étend du nord de la Colombie au sud de l'Argentine. Elle longe les Andes et inclut, au Chili et au Pérou, des régions de hauts plateaux et de semi-désert. La faune y est pourtant abondante : lièvre de Patagonie, guanaco, nandou d'Amérique, renard de Magellan...

DIVERSITÉ
LES ANDES

Diversité animale

La montagne comporte des zones sèches, une végétation éparse et des zones forestières, comme les Yungas, en Bolivie. On peut y observer le grand condor, le flamand des Andes, ou encore le guanaco, proche parent du lama.

Buse du Chili

Cet oiseau de proie est doté des plumes spéciales qui le protègent du froid lorsqu'il vole au-dessus des Andes.

Coq-de-roche orange

Cet oiseau magnifique vit dans les zones rocheuses. Il se nourrit principalement de fruits.

LAINE FINE
La laine de l'Alpaga, solide et légère, est utilisée pour fabriquer des vêtements chauds.

Alpaga

L'Alpaga est répandu dans les plaines de l'Équateur, en Bolivie, au Chili et au Pérou.

Carnivore

Le léopard de mer est un des plus grands prédateurs de l'océan Austral.

Piranhas

Diverses espèces de piranhas se sont établies dans l'Amazone. Ces poissons carnivores se réunissent en bancs pour attaquer de grosses proies. Cependant, ils attaquent rarement des humains.

Boa
Le boa constrictor vit dans le nord de l'Amérique du Sud.

Forêts patagoniennes

Les mélèzes, les cyprès du Chili et les araucarias du Chili (de gauche à droite) font partie des arbres de Patagonie.
Ci-dessous, les plantes les plus communes :

1. Verveine de Patagonie
2. Faux-hêtre antarctique
3. Mélèze
4. Cyprès
5. Hêtre de la Terre de Feu
6. Araucaria du Chili
7. Noisetier

Iguanes et crabes

L'iguane des Galápagos (à gauche) et le crabe Sally (ci-dessous) vivent tous les deux sur les îles des Galápagos. Cet archipel de l'océan Pacifique abrite des espèces animales et végétales uniques. Charles Darwin les a étudiés lors du voyage qui a précédé ses travaux sur l'évolution.

CRISE DANS L'AMAZONIE

Un cinquième de la forêt amazonienne a été détruit par les humains depuis 1970. Cependant, il y a des signes encourageants de baisse du taux de déforestation. Les gouvernements du Brésil et des pays voisins prennent des mesures. La planète entière pâtirait de la destruction totale de l'Amazonie.

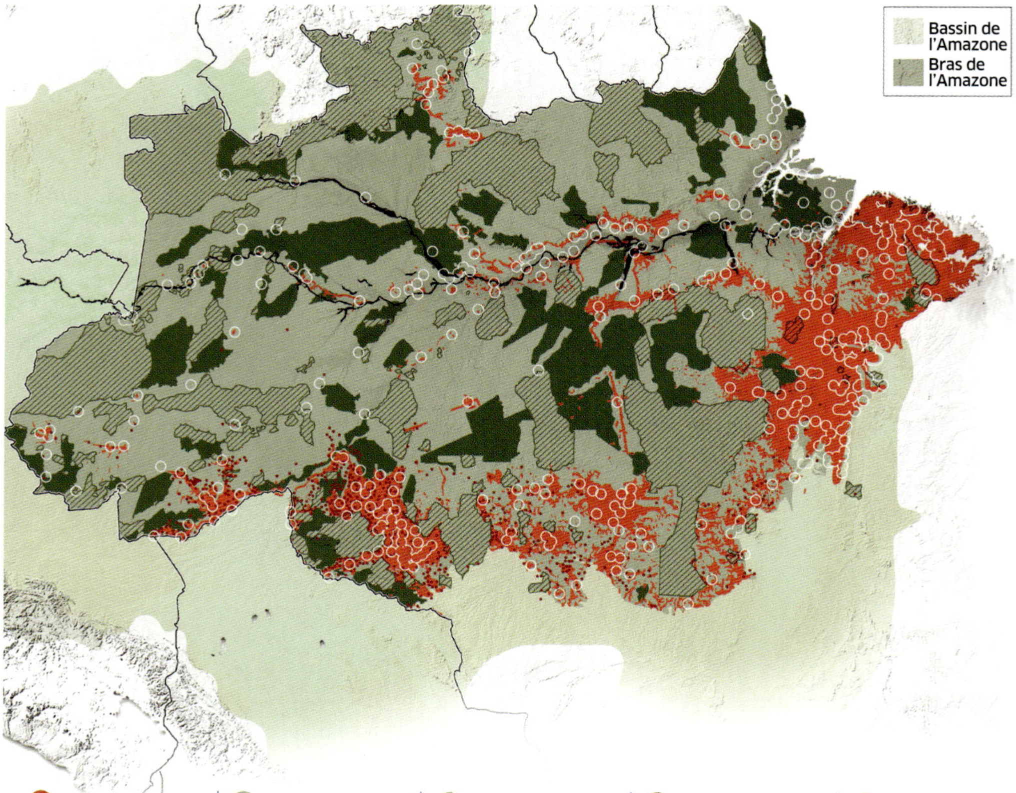

ZONES DÉFORESTÉES Dans ces zones, tous les arbres ont été coupés.

FEUX Après avoir abattu les arbres, on brûle le terrain pour le cultiver.

ZONES URBAINES Elles s'agrandissent au détriment de la forêt.

ZONES PROTÉGÉES Les parcs nationaux ne peuvent pas être exploités.

ZONES INDIGÈNES Ces zones sont protégées.

QUELS SONT LES ENJEUX DE LA DÉFORESTATION EN AMAZONIE ?
UNE QUESTION QUI NOUS CONCERNE TOUS

Oxygène
Les espèces végétales amazoniennes produisent environ 20 % de l'oxygène de la planète.

Effet de serre
Les arbres captent le dioxyde de carbone, limitant l'effet de serre et ralentissant le réchauffement climatique.

Biodiversité
Pas moins de 10 % des espèces végétales et animales vivent dans le bassin amazonien.

Culture
Environ 200 000 Amérindiens vivent dans cette zone, leurs cultures risquent de disparaître.

Le fleuve Amazone a un débit d'environ 200 000 m³ d'eau par seconde.

AMAZONIE
PLUSIEURS PAYS

Une immense région

Avec une superficie de 7 millions de km², le bassin de l'Amazone est à cheval sur plusieurs pays. La moitié de la forêt tropicale est située au Brésil. Les autres pays amazoniens sont l'Équateur, la Bolivie, la Colombie, le Venezuela et la Guyane française.

Taux de perte

Depuis 1991, l'Amazonie a perdu 415 000 km² de forêt. Depuis 2000, cette superficie a atteint 587 000 km². La terre défrichée est utilisée pour le bétail et pour l'agriculture. Le taux de perte a diminué ces dernières années.

Tribus en danger

L'Amazonie est peuplée de nombreuses tribus indigènes, comme les Yanomami. Ces tribus risquent de perdre leur mode de vie, et leur connaissance des plantes médicinales et de la forêt pourrait'être oubliée.

Arbre à caoutchouc

L'hévéa pousse le long des rives du Rio Tapajós, au Brésil. Le caoutchouc est collecté grâce à des entailles faites dans l'écorce.

POPULATION

Les Sud-Américains désertent les campagnes pour les villes. Cela a entraîné une croissance brusque désorganisée des villes. Pour se loger, les habitants les plus modestes vivent dans des logements de fortune, construits en périphérie des grandes villes. Ces zones urbaines pauvres sont appelés favelas, ou bidonvilles.

Rio de Janeiro
Vue de cette ville du Brésil, de plus de 6 millions d'habitants.

Carnaval

Au Brésil, le plus gros et important festival est le Carnaval de Rio. Les participants descendent dans les rues, costumés, pour une fête gigantesque.

BRÉSIL
PORTO ALEGRE

Grattes-ciel et autoroutes

Porto Alegre est la capitale de l'État de Rio Grande do Sul. Environ 1,5 millions de personnes y vivent.
Elle regroupe de nombreuses industries et constitue un centre d'affaires.

Salvador de Bahia

Première capitale de l'Empire colonial du Portugal, elle a été fondée en 1549. C'est une des plus anciennes villes du Brésil. Son centre historique est classé au Patrimoine mondial de l'Unesco. Sa population avoisine les 3 millions d'habitants.

VENEZUELA
CARACAS

Une ville en plein essor

Avec une population de 3,5 millions d'habitants, Caracas est la 9e zone urbaine en Amérique latine, par son nombre d'habitants. Ce carrefour commercial est au cœur des investissements des compagnies vénézuéliennes et étrangères.

COLOMBIE
BOGOTÁ

Centre culturel

Les principaux musées colombiens et les universités les plus importantes du pays sont implantés à Bogotá.
Sa population dépasse les 6,5 millions d'habitants. Ci-dessous, une photo de l'Église Saint-François.

La Boca
Quartier proche du centre de Buenos Aires, la capitale de l'Argentine.

ARGENTINE
CORDOUE

Deuxième ville

1,3 million de personnes vivent à Cordoue, 2e ville du pays, après Buenos Aires. Elle est également appelée « la savante », car elle accueille la meilleure université du pays. Ci-dessous, la Cathédrale.

Maté
Boisson populaire en Argentine.

CHILI
SANTIAGO DU CHILI

Espérance de vie élevée

Avec une population de plus de 5 millions d'habitants, la capitale du Chili, Santiago, est la plus grande ville du pays. C'est un mélange d'architectures ancienne et moderne. Le Chili est le pays d'Amérique du Sud où l'espérance de vie est la plus élevée (environ 79 ans).

RESSOURCES ÉCONOMIQUES

L'Amérique du Sud exporte des produits agroalimentaires dans le monde entier. Elle possède de nombreuses ressources naturelles et l'une des plus importantes réserves de pétrole. Le Brésil est la grande puissance économique d'Amérique du Sud, suivi de l'Argentine, de la Colombie, du Venezuela, du Pérou et du Chili.

ARGENTINE
TOURISME

Destination favorite

Le glacier Perito Moreno est une destination touristique populaire. Le chemin sur le El Calafate est constitué de lacs, de ruisseaux, de forêts et de montagnes enneigées.

À VOIR
Cet immense glacier est une merveille de la nature.

LE VENEZUELA
PÉTROLE

Une réserve importante

C'est une des principales ressources du Venezuela. Une compagnie contrôle les réserves du pays, parmi les plus importantes au monde. En janvier 2011, on comptait 297 milliards de barils (1 baril = 159 l). En 1960, le Venezuela était un des membres fondateurs de l'OPEC, une association de pays producteurs de pétrole dans le monde. Il a également d'importantes réserves de gaz, de méthane, de fer, d'or et de diamant. L'industrie vénézuélienne repose essentiellement sur la raffinerie du pétrole et la pétrochimie, qui regroupe les produits chimiques fabriqués à partir du pétrole. Le Vénézuela exporte essentiellement des produits dérivés du pétrole ou de l'acier. Il possède également des industries textiles et pharmaceutiques ainsi que des exploitations forestières.

Maracaibo
Centre de production de pétrole.

URUGUAY
AGRICULTURE ET TOURISME

Tournesols

2e plus petit pays d'Amérique du sud, l'Uruguay est connu pour ses plages paradisiaques, comme Punta del Este. Son économie repose sur l'agriculture et sur l'élevage bovin. Les plantes les plus cultivées, sont le soja, le blé, l'orge, l'avoine, le riz, le maïs et le tournesol.

Chuquicamata
Une mine à ciel ouvert.

CHILI
LES MINES

Un pillier économique

L'industrie minière est la plus importante au Chili. L'extraction du cuivre, notamment, est une importante source de profits. À gauche, on peut voir une mine à ciel ouvert dans le désert de l'Atacama (Chuquicamata). La viticulture est une autre industrie importante. Les vins chiliens s'exportent dans le monde entier (ci-dessous, un vignoble chilien typique).

BRÉSIL ET COLOMBIE
LE CAFÉ ET UN PEU PLUS

Des économies florissantes

Le Brésil est traditionnellement un grand producteur de café. Cependant, le développement économique du pays s'accompagne d'une croissance des secteurs de la finance et des services qui désormais dominent. Quant à la Colombie, elle reste un grand producteur et exportateur de café.

Exploitation
À cause de l'activité humaine, la superficie de la forêt amazonienne a fortement diminué.

BOLIVIE
DU GAZ NATUREL EN ABONDANCE

Source d'énergie

La Bolivie, avec la 2e plus grande réserve naturelle de gaz d'Amérique du Sud, exporte son gaz vers les pays voisins, en particulier au Brésil et en Argentine. Elle dispose également de petites réserves de pétrole et d'exploitations de nombreux minéraux. Ci-dessous des citernes de gaz.

LES GÉOGLYPHES DE NAZCA

Les Géoglyphes de Nazca sont des dessins étranges du sud du Pérou. Certains d'entre eux mesurent 300 m de long. Ils représentent des animaux, des plantes, des formes géométriques, visibles uniquement d'une certaine hauteur. Ils ont été dessinés dans la plaine et les coteaux par le peuple Nazca (200 av. J.-C. - 500 ap. J.-C.).

PÉROU
NAZCA

Localisation

Les géoglyphes sont situés dans les provinces de Palpa et Nazca, dans la pampa de Jumana.

Patrimoine mondial de l'Humanité

En 1994, l'UNESCO les a classés au patrimoine mondial de l'Humanité.

Entrée et sortie

L'Araignée a une entrée et une sortie, ce qui permet de suivre les lignes, sans qu'elles se croisent.

D'étranges caractéristiques

La forme et les caractéristiques de l'Araignée montre qu'elle représente une espèce que l'on trouve uniquement dans la forêt amazonienne.

L'araignée
Un des dessins les plus connus est l'araignée, formée d'une ligne continue.

Anthony F. Aveni

Un scientifique américain, Aveni, a établi un lien entre ces lignes et l'alimentation en eau. Il pensait qu'elles faisaient partie d'un rituel afin d'assurer de l'eau aux récoltes.

HÉRITAGE DE NAZCA

Artisanat d'art

Les Nazca sont des artisans. Ils fabriquent de bons vêtements et leurs poteries étaient parmi plus belles de l'Amérique du Sud précolombienne.

Une tête-trophée Ce trophée a été retrouvé dans une tombe.

Serpent à deux têtes Symbole sacré trouvé communément dans les Andes.

Le siku Le siku est un instrument de musique typique des Andes.

Cimetière

À proximité, se trouve un cimetière datant de l'époque précolombienne. Cette momie y a été retrouvée.

Carte des étoiles

Des chercheurs, comme Maria Reiche, ont suggéré que l'araignée est une représentation de la constellation Orion.

Le sol

La surface est recouverte d'une couche de pierres sombres et rougeâtres.

L'Araignée Vue du ciel.

BUENOS AIRES

Cité fascinante, Buenos Aires est la ville la plus densément peuplée d'Argentine. Le centre ville arbore ses monuments historiques, notamment à proximité de la rivière Plate. Du côté de Puerto Madero, la ville se développe de manière étonnamment moderne.

LES SYMBOLES DE LA VILLE

Le théâtre Colón

Cette splendide salle de concert possède l'une des meilleures acoustiques au monde.

Avenue du 9 juillet

Avec ses 140 m de largeur, c'est une des plus larges rues du monde. L'obélisque, un monument célèbre, est à la jonction avec l'avenue Corrientes.

Mairie

Ce bâtiment existe presque depuis l'indépendance de l'Argentine, il y a deux cents ans.

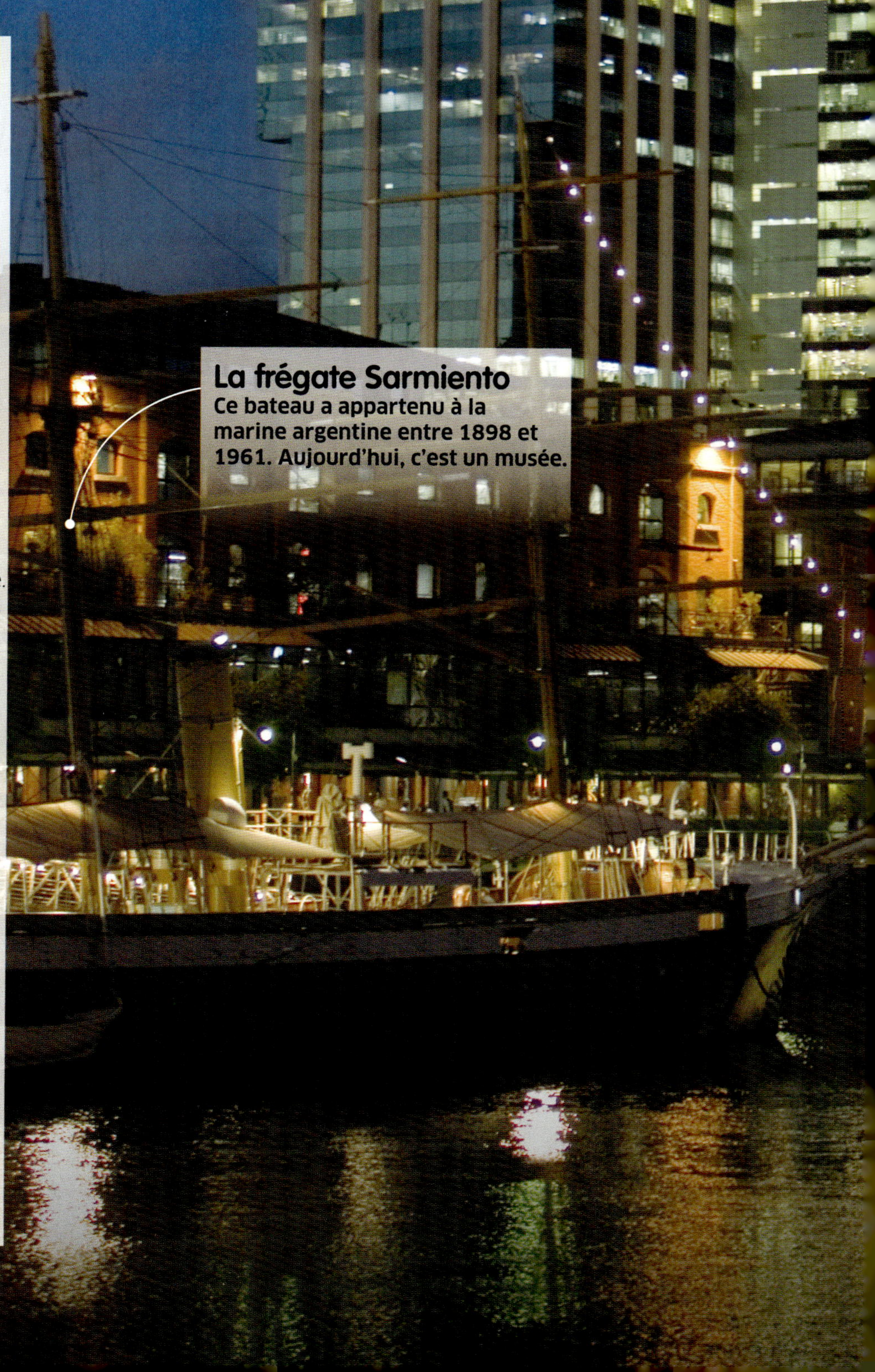

La frégate Sarmiento

Ce bateau a appartenu à la marine argentine entre 1898 et 1961. Aujourd'hui, c'est un musée.

Pays	Argentine
Superficie	202 km²
Population	2 891 082 millions
Densité	14 314 hab./km²

Vie nocturne
Puerto Madero est aussi animé de nuit que durant la journée.

Puerto Madero

Le vieux port a connu un développement massif. Un nouveau quartier résidentiel et un centre d'affaires ont été construits.

NOM
Puerto Madero porte le nom d'Eduardo Madero, qui a découvert la ville en 1882.

LA CULTURE À BUENOS AIRES

Les musées
La ville compte de nombreux musées, notamment le Proa (au dessus), le Malba (au dessous), le musée des Beaux-Arts et le musée d'Art moderne.

Le parc Lezama
Ce parc était à l'origine une ferme que possédait la famille Lezama. Il contient des arbres centenaires, des chemins sinueux, une grande pergola, des chutes d'eau, des monuments, des escaliers et un amphithéâtre.

Métro
La ville est traversée par 6 lignes de métro. La première station a été inaugurée en 1913. C'est le plus vieux métro d'Amérique du Sud et un des plus empruntés au monde.

STATUE DU CHRIST RÉDEMPTEUR

La majestueuse statue du Christ Rédempteur, avec ses bras écartés, surplombe le centre de Rio de Janeiro, au Brésil. Cette statue a été construite au sommet du Mont Corcovado, à 709 m au-dessus du niveau de la mer. Elle domine la forêt Tijuca, la plus grande zone boisée urbaine au monde.

LE CHRIST RÉDEMPTEUR
INFOS

Hauteur :
38 m

Couverture externe :
pierre ollaire gris verdâtre.

Poids :
635 tonnes

Intérieur :
la charpente est en béton armé.

CULTUREL ET RELIGIEUX

Faits historiques

La création de la statue a duré 5 ans. Elle a été ouverte au public le 12 octobre 1931. C'était un challenge technique, car la région est très venteuse. Par conséquent, la construction des bras déployés et de la tête penchée a été des plus délicates. Le projet fut conduit par Heitor da Silva Costa. L'artiste Carlos Oswald a dessiné le visuel final alors que le sculpteur Paul Landowski (ci-dessous) a réalisé la tête et les mains.

Revêtement
La pierre ollaire de Minas Gerais a été choisie car elle est résistante au mauvais temps et aux changements de températures.

Église
Au pied de la statue, il y a une petite église.

Hauteur
La statue mesure 38 m, des pieds à la tête (socle de 8 mètres compris).

Tête
Elle est légèrement penchée vers le bas.

2003
Année de l'installation des escalators, pour conduire les gens aux pieds de la statue.

Symbole
Cette statue imposante est une des plus grandes œuvres d'art religieuses au monde et est devenue un symbole du Brésil.

Intérieur
La statue contient des poutres et des escaliers.

Bras
Chaque bras mesure 27 m de long.

Le train de la montagne
La ligne de chemin de fer du Corcovado a été ouverte en 1884. Les trains grimpent le Mont Corcovado à travers la luxuriante forêt Tijuca à une vitesse de 12 km/h. Ils ont transporté les éléments de la statue jusqu'au sommet de la montagne.

MERVEILLES GÉOGRAPHIQUES

Montagnes, hauts plateaux, vastes plaines, déserts, jungles, volcans et glaciers : le nord, le centre et le sud du continent américain offrent des paysages variés et spectaculaires. De vastes zones ont été préservées de l'homme et la plupart sont classées au Patrimoine mondial de l'Unesco.

ALBERTA
CANADA

Parc national Banff

Le lac Bow, situé dans le parc national Banff, à Alberta, gèle chaque hiver. D'une superficie de 6641 km², ce parc recèle des glaciers, des forêts et des montagnes.

Un paysage de glaciers
Des traces de pneus sont visibles sur la surface gelée du lac, à côté des Rocheuses canadiennes.

DU CANADA AU NOUVEAU MEXIQUE
ÉTATS-UNIS

Les Rocheuses

Cette chaîne montagneuse s'étend sur plus de 4 800 km : depuis le nord du Canada jusqu'au sud du Nouveau Mexique. Elle a été formée par la réunion d'une série de chaînes de montagnes, jusque-là séparées. Entre les sommets, les vallées accueillent des lacs et des forêts spectaculaires.

CALIFORNIE
ÉTATS-UNIS

La faille de San Andreas

Les plaques tectoniques nord américaine et pacifique se rencontrent au niveau de la faille de San Andreas, parallèlement à la côte californienne et à travers San Francisco. Il s'agit d'une zone instable, régulièrement affectée par des tremblements de terre dévastateurs.

CANADA
AMÉRIQUE DU NORD

Le Bouclier canadien

Le Bouclier canadien est une ancienne chaîne de montagnes, située le long de la Baie de Hudson. Elle est en forme de fer-à-cheval et s'élève, en moyenne, à 300 mètres d'altitude.

AMÉRIQUE CENTRALE ET CARAÏBES

Le volcan Irazu

Avec une hauteur de 3 432 mètres, il est le volcan actif le plus élevé du Costa Rica. Le sommet est constitué de 5 cratères. Un des sommets est bordé par un lac (à gauche).

Sierra Maestra

Entourée d'une végétation luxuriante, la Sierra Maestra est une chaîne de montagnes au sud-est de Cuba. Pico Turquino est son sommet le plus haut, il s'élève à 1 974 m.

Punta Cana Une des très belles plages de la République dominicaine.

AMÉRIQUE DU SUD LE BASSIN AMAZONIEN

Le grand fleuve

L'Amazone est le plus grand fleuve du monde (pour son volume d'eau). Environ 200 rivières le grossissent. Depuis sa source dans les Andes, il parcourt 6 737 km à travers l'Amérique du Sud.

Le désert d'Atacama

C'est un des lieux les plus secs de la planète. Il s'étend du Chili (fleuve Copiapo) au fleuve Loa. Certaines zones du désert ont des formations rocheuses qui peuvent évoquer la surface de la Lune.

ARGENTINA EL CALAFATE

Le glacier Perito Moreno

Le glacier Perito Moreno mesure 30 km et 5 km de large.

Il est situé dans la province de Santa Cruz.

De temps en temps, il est possible d'assister à des chutes spectaculaires d'énormes blocs de glaces à l'avant du glacier.

PEUPLES ET LANGUES

L'espagnol et l'anglais sont les langues les plus parlées sur le continent américain. Le français et le portugais sont également très parlés, et il existe de nombreuses langues indigènes comme le quechua, le guarani et le mapuche...

L'espagnol

Il a été introduit par les conquistadors. Depuis, la langue de chaque région a évolué, développant ses propres accent et vocabulaire.

ORIGINES
La population d'Amérique descend principalement des Amérindiens, des Africains et des Européens.

L'anglais
Principale langue de la science, du commerce et de la diplomatie.

Culture

De nombreuses ethnies sont en voie de disparition à travers le monde, et avec elle, leurs langues.

Sauver les langues

Selon les anthropologues, il est vital de sauver les langues, car elles enrichissent notre patrimoine.

LANGUES ORIGINALES DES AMÉRIQUES

Canada et États-Unis

Plus de 300 millions de langues indigènes, mais beaucoup sont en voie de disparition.

1. Algonquin-Ritwan
2. Caddo
3. Hokan
4. Iroquois
5. Kiowa-Tano
6. Creek
7. Autres

Le Mexique et l'Amérique centrale

Parmi les langues encore parlées, il y a le quiché et le maya yucatèque. Presque toutes les autres ont disparu.

1. Macro-Chibchan
2. Maya
3. Mixe-Zoque
4. Oto-mangues
5. Totonaque
6. Uto-aztèque
7. Autres

Amérique du Sud

Plus de 1000 langues ont disparu. Certaines restent encore parlées.

1. Arawak
2. Kali'na
3. Macro-Chibchan
4. Macro-jê
5. Pano-Tacananes
6. Quechua
7. Autres

LES PRINCIPALES LANGUES NATIVES PARLÉES
INFOS

PÉROU
QUECHUA

La langue la plus parlée

Le Pérou a une grande diversité ethnique. Les Incas parlent le quechua, la langue la plus parlée. Il est aussi parlé en Bolivie, en Équateur, en Colombie, en Argentine et au Chili.

LE MEXIQUE
NAHUATL

Une pluralité de langues

Au Mexique, environ 6 millions de personnes parlent plus de 60 langues indigènes. Le nahuatl (langue des Mayas) et le zapotèque sont les plus parlées.

CHILI
MAPUCHE

Influence

Les Mapuche, ou Araucans, vivent dans le sud du Chili et dans le sud ouest de l'Argentine. Des pays voisins ont adopté leur langue.

LES CARAÏBES
LE CRÉOLE

Les racines africaines

En Haïti et en République Dominicaine, les gens parlent créole (un mélange de vocabulaire français et de grammaire des langues d'Afrique de l'ouest).

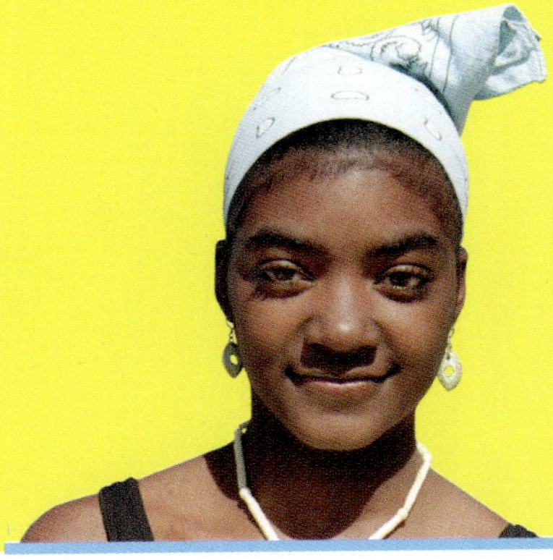

EUROPE INTRODUCTION

L'Europe forme avec l'Asie, l'« Ancien Monde ». En 2 000 ans d'histoire elle est devenue un continent particulièrement riche et influent. Chacune de ses villes rappelle, à travers l'art et l'architecture, la richesse culturelle de ses peuples. L'impact humain sur l'environnement y est très variable, des massifs montagneux protégés aux plages de la Méditerranée. L'Europe bénéficie d'un climat tempéré, qui devient méditerranéen et nordique à ses deux extrêmes.

BARRIÈRE MONTAGNEUSE
LES PYRÉNÉES FORMENT UNE FRONTIÈRE NATURELLE ENTRE LA PÉNINSULE IBÉRIQUE ET LE RESTE DU CONTINENT EUROPÉEN.

EUROPE
CARTE PHYSIQUE

OCÉAN GLACIAL ARCTIQUE
MER DE BARENTS
Nouvelle-Zemble
Détroit de Kara
Î. Vaygach
Î. Kolgouiev
Cap Kanin Nos
Baie de Tcheshskaïa
Mageröya
Cap Nord
Söröya
Fjord Varanger
Senja
Plateau du Finnmark
L. Inari
Péninsule de Kola
Kebnekaise 2 113
Péninsule Scandinave
Lule
Skellefte
Golfe de Botnie
MER BLANCHE
L. Oulu
L. Vyg
Onega
L. Onega
L. Päijänne
L. Saimaa
L. Näsijärvi
L. Ladoga
Golfe de Finlande
L. Mälarn
L. Vänern
Gotland
Öland
Saaremaa
MER BALTIQUE
L. Peipus
Msta
Collines de Valdaï
Volga
Réservoire de Rybinsk
Réservoire de Gorki
Plaine Russe
Pechora
Grande Toundra
Mezen
Dvina septentrionale
Oural Septentrional
Narodnaya 1 894
Petchora
MONTS OURAL
Oural Central
Réservoire de la Kama
Kama
Mt. Yamantau 1 640
Belaïa
Oural Méridional
Réservoir de Voltinsk
Moksa
Plateau de la Volga
Réservoir de Saratov
Oural
Réservoir de Volgograd
Khopyor
Dvina Occidentale
Niémen
Dniepr
Plateau Central
Oka
Desna
Don
Europe du Nord
Oder
Vistule
Pripiat
Réservoir de Kiev
Donets
Plateau du Podolian
Dniestr
Tatras
CARPATES
Morava
Réservoir de Krementchoug
Réservoir de Kakhovka
Baie de Karkinit
Crimée
MER D'AZOV
Kouban
Manych
Kuma
Dépression Caspienne
MER CASPIENNE
MER D'ARAL
CAUCASE
Mt. Elbrous 5 642
MER NOIRE
Transylvanie
Plateau Moldave
Danube
BALKANS
Marica
Rhodope
Bosphore
MER DE MARMARA
Thásos
Lemnos
Lesbos
MER ÉGÉE
Monts du Pinde
Prokletije
MER ADRIATIQUE
Dinariques
Mt. Parnasse 2 459
Euboea
Péloponnèse
Cyclades
Milos
Cap Matapan
MER IONIENNE
Î. Ioniennes
Rhodes
Kárpathos
MER DE CRÊTE
Crète
Chypre
20°
40°
60°
80°
LÉGENDE
Altitude (en mètres)
4 000 ou plus
2 000
500
200
0
- 200
Profondeur
0
- 200
- 2 000
- 4 000
- 6 000

EUROPE
CARTE POLITIQUE

MER DE BARENTS
Nouvelle-Zemble
ASIE
RUSSIE
(Europe)
FINLANDE
SUÈDE
ESTONIE
LETTONIE
LITUANIE
RUSSIE
BIÉLORUSSIE
POLOGNE
UKRAINE
SLOVAQUIE
MOLDAVIE
HONGRIE
ROUMANIE
SERBIE
BULGARIE
BOSNIE-HERZÉGOVINE
MONTÉNÉGRO
KOSOVO
MACÉDOINE
ALBANIE
GRÈCE
TURQUIE
(Europe)
MER BALTIQUE
MER NOIRE
MER CASPIENNE
MER D'ARAL
ASIE
Vadsø
Mourmansk
Petchora
Narvik
Inari
Rovaniemi
Bodø
Gällivare
Luleå
Arkhangelsk
Storuman
Oulu
Belomorsk
Syktyvkar
Östersund
Vaasa
Kuopio
Perm
Petrozavodsk
Tampere
Borlänge
Kotka
Turku
Helsinki
St-Pétersbourg
Karlstad
Stockholm
Tallinn
Kazan
Tartu
Tver
Samara
Moscou
Kalmar
Riga
Siauliai
Daugavpils
Vitebsk
Smolensk
Vilnius
Gdynia
Kaliningrad
Borysaw
Grodno
Minsk
Saratov
Szczecin
Kursk
Pinsk
Varsovie
Lublin
Kiev
Kharkiv
Volgograd
Walbrzych
Rivne
Jytomyr
Astrakhan
Kraków
Donetsk
Rostov-sur-le-Don
Bratislava
Mukachevo
Chisinau
Budapest
Odessa
Stavropol
Timisoara
Sochi
Makhachkala
Zagreb
Sébastopol
Belgrade
Bucarest
Sarajevo
Giurgiu
Varna
Sofia
Podgorica
Pristina
Skopje
Plovdiv
Istanbul
Tirana
Thessalonique
Tarente
Reggio
Athènes
Patras
Le Pirée
Kalamáta
Iráklion
Crète
20°
40°
60°
80°

MERVEILLES GÉOGRAPHIQUES

L'Europe est l'un des plus petits continents du monde (10 millions de km²) avec l'Océanie (9 millions de km² de terres émergées). Son relief est dominé par les plaines et les collines. Les plus hauts sommets se trouvent dans les Alpes et dans la partie européenne du Caucase.

SOMMETS DU NORD
ISLANDE ET SCANDINAVIE

Glace et eau

Le point le plus élevé du nord de l'Europe est en Scandinavie : le mont Galdhøppigen en Norvège culmine à 2 469 m. Quant à l'Islande, il s'agit du sommet émergé d'une immense chaîne sous-marine, la dorsale médio-atlantique. C'est une île volcanique au relief accidenté.

Alpes scandinaves
Des lacs entourés de sommets enneigés, paysage des montagnes entre Suède et Norvège.

EUROPE DE L'OUEST
FRANCE ET ITALIE

Le mont Blanc

C'est près de la frontière entre la France et l'Italie que se situe le point culminant de la chaîne des Alpes : le mont Blanc, 4 810 m d'altitude, sans compter l'épais manteau neigeux de 10 à 15 m qui peut le recouvrir en hiver.

ESPAGNE
LA MANCHA

Les plaines centrales

Dominée par les fameux moulins à vent qu'affronta Don Quichotte, la plaine de la Mancha est la plus vaste de la Péninsule Ibérique. Elle est divisée en deux par les montagnes de Tolède, dont le mont Villuercas (1 601 m) est le point culminant.

RUSSIE
DES LACS ET DES FLEUVES

LE PLATEAU DE VALDAÏ

À mi chemin entre Moscou et Saint-Pétersbourg, le plateau de Valdaï est bordé par les fleuves Volga et Dniepr. On y trouve de très beaux lacs (lac Brosno, lac Seliger) que le froid hivernal transforme en étendues gelées.

CAUCASE – RUSSIE
MONT ELBROUZ

Le plus haut sommet

Avec 5 642 m d'altitude, l'Elbrouz, situé dans la partie nord de la chaîne du Caucase, près de la frontière de Géorgie, est le point culminant de l'Europe, à la frontière avec l'Asie. C'est un volcan éteint, recouvert d'une calotte de glace permanente et de plus de vingt glaciers, ce qui en fait un lieu particulièrement apprécié des skieurs et des randonneurs d'altitude.

Le mont Elbrouz
Il appartient au Caucase, entre l'Europe et l'Asie.

RUSSIE
RÉSEAU FLUVIAL

Plaines alluviales

Recouvertes par les dépôts de boue fertile que l'eau laisse sur son passage après les crues, les plaines alluviales de l'ouest de la Russie ont des sols riches, favorables à différents types de cultures (céréales, pommes de terre et betteraves).

LES ALPES
PROFIL SCHÉMATIQUE, DE LA PLAINE DE HONGRIE À L'ATLANTIQUE

Une chaîne de montagnes comme celle des Alpes se forme par plissement de la croûte terrestre. Les cours d'eau y creusent de profondes vallées, qui séparent les massifs les uns des autres. De hautes terres, comme le Massif central en France, se trouvent souvent à proximité de chaînes jeunes.

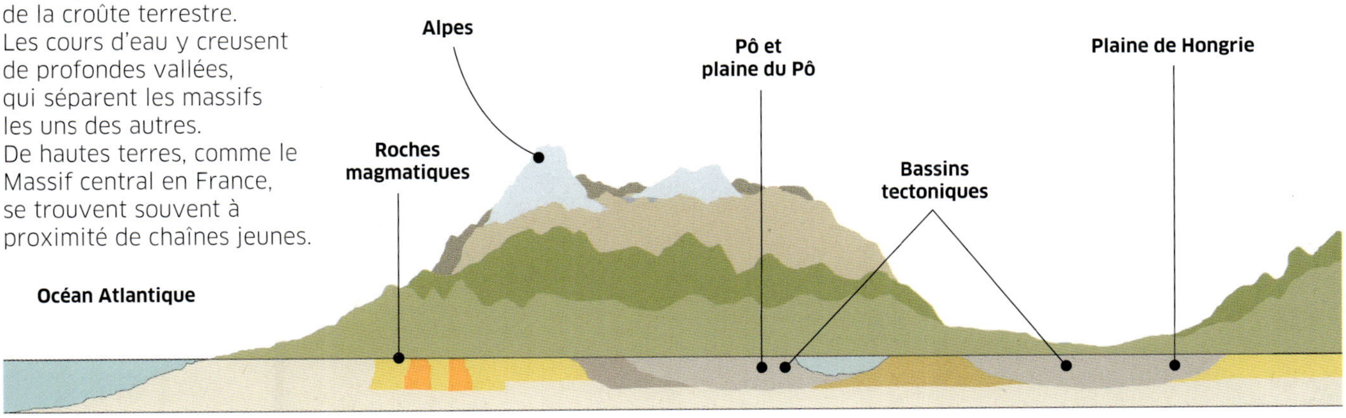

LES ALPES

Principale chaîne de montagnes d'Europe, les Alpes traversent sept pays : la Slovénie à l'est, l'Autriche, l'Italie, le Liechtenstein, l'Allemagne, la Suisse et la France à l'ouest. Les calmes sommets enneigés sont des montagnes jeunes, ayant peu subi d'érosion.

France

Le mont Blanc est le point culminant des Alpes. Un tunnel de 11 km le traverse, jusqu'en Italie.

Italie

Photo satellite des Alpes italiennes. La chaîne alpine couvre une superficie totale d'environ 300 000 km².

Les Alpes : faits et chiffres

16 millions de personnes peuplent les régions alpines des 7 pays que traversent les Alpes, plus grande chaîne de montagnes d'Europe.

1. **Longueur de la chaîne :** 1 200 km.
2. **Écosystèmes :** forêt tempérée, conifères, alpages.
3. **Point culminant :** le mont Blanc (4 810 m).

Loisirs

Alpinisme, randonnée, snowboard ou ski : les activités ne manquent pas pour qui choisit de passer des vacances dans les Alpes.

SITES ET DÉCOUVERTES
INFOS GÉNÉRALES ET ÉTONNANTES

ITALIE
PARC NATIONAL DES DOLOMITES

Végétation caractéristique

Le paysage du parc des Dolomites, dans le nord de l'Italie, est dominé par une majestueuse forêt de conifères. Environ 1 400 espèces végétales y poussent.

NEIGE
SAISON DE SKI

Lech-Zürs, Autriche

C'est une des stations de ski les plus fréquentées d'Europe, elle offre des pistes de tous niveaux, ouvertes de novembre à avril.

ÖTZI
L'HOMME DES GLACES

La momie et ses armes

Le corps naturellement momifié d'un homme a été retrouvé en 2011 à la frontière entre l'Italie et l'Autriche, préservé par la glace depuis plus de 5 000 ans. L'homme a été nommé Ötzi (ou Homme de Similaun). On a également retrouvé ses armes (une hache, un couteau, un arc et des flèches).

Il semble qu'Ötzi soit mort de blessures reçues au combat.

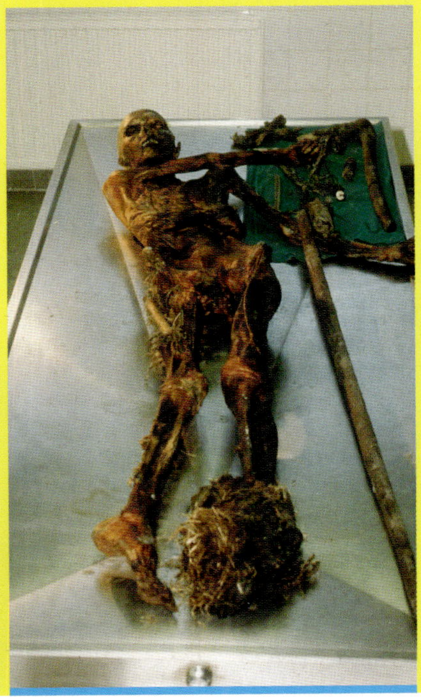

LE DANUBE

Avec ses 2 900 km, le Danube est le deuxième plus long fleuve d'Europe, après la Volga. Il concentre différents secteurs d'activité, notamment le tourisme, la pêche et les transports.

60
Nombre d'affluents navigables du Danube, sur 300 au total.

LE FLEUVE QUI IRRIGUE 10 PAYS

Au fil du cours

Le Danube naît à Donaueschingen, dans la Forêt-Noire (Allemagne) et se jette dans la mer Noire. Il traverse ou longe dix pays : Allemagne, Autriche, Slovaquie, Hongrie, Croatie, Serbie, Roumanie, Bulgarie, Moldavie et Ukraine.

POLLUTION
INDUSTRIE ET AGRICULTURE

Produits polluants

Le Danube baigne des zones densément peuplées et industrialisés (centrales nucléaires, usines, exploitations agricoles). Les eaux du fleuve sont polluées par de nombreux rejets (produits chimiques, engrais, etc.).

Pêcheur

La pêche est une activité économique importante sur le Danube. Ce pêcheur roumain vient de capturer deux esturgeons.

Pont suspendu
Un symbole de Budapest, en Hongrie.

Budapest

Panorama nocturne de la capitale hongroise, sur les rives du Danube.

Delta du Danube
C'est une région de marais avec 15 000 habitants, inscrite au patrimoine mondial de l'Unesco.

Capitales du Danube

Le Danube est le seul fleuve d'Europe qui traverse quatre capitales : Vienne, Bratislava, Budapest et Belgrade.

Sous contrôle
Les digues sur les rives du Danube empêchent les crues. Des centrales hydroélectriques sont construites sur le fleuve pour produire de l'électricité.

Navettes
De gros bateaux peuvent remonter le Danube, de la mer Noire jusqu'à Brăila (Roumanie). Des navires plus petits vont jusqu'à Kelheim, en Bavière (Allemagne).

LE CLIMAT

La partie centrale de l'Europe jouit d'un climat tempéré. Au nord et au sud, les températures sont plus marquées. Le climat océanique de l'Europe de l'ouest est régulé par l'Atlantique. Dans le sud, les Alpes font écran aux vents froids et protègent la côte méditerranéenne, aux étés chauds et secs.

Glaces flottantes en Norvège
Ces blocs de banquise flottent dans les eaux du Spitzberg en Norvège, où les températures sont négatives la plupart de l'année.

DES VENTS FORTS
ÎLES CANARIES, ESPAGNE

Le Sirocco

En été, un vent fort, chaud et sec, le Sirocco, souffle du Sahara et d'Afrique du Nord vers le sud de l'Europe. Il transporte parfois des nuages de sable, provoquant l'irritation des yeux et d'autres problèmes de santé.

LA PLUIE
LONDRES, ROYAUME-UNI

Climat tempéré

Le climat londonien est dit tempéré. En été, la température moyenne oscille entre 21 et 24 °C. Les parcs sont alors très fréquentés : les Londoniens en profitent pour organiser des pique-niques et pour faire du sport. L'hiver est assez froid (la température hivernale moyenne est de 2 °C, voire moins certaines années). Il pleut toute l'année à Londres (en moyenne 600 mm par an), mais les précipitations sont plus importantes en hiver.

Paris, France
Ces dernières années, la température moyenne des villes européennes a augmenté.

20 000
Nombre de personnes mortes durant la canicule de 2003 en Europe.

CANICULE
Entre le 3 et le 13 août 2003, la température a dépassé les 40 °C à Paris.

CANICULE
CRISE EN EUROPE

Conséquences
En 2003, l'Europe a subi une vague de chaleur. Les pays du Sud (Espagne, Italie, Portugal) ont connu les températures les plus chaudes. À Alicante, en Espagne, il a fait 47 °C.

France
La France n'avait pas enregistré de telles températures depuis 1950. À Paris, elles ont dépassé 40 °C en journée. La nuit la plus chaude fut celle du 11 au 12 août : la température n'est pas descendue en dessous de 25,5 °C.

Méditerranée
Le climat de Porto Venere en Italie est très rude. Les étés peuvent être incroyablement chauds et les hivers tout aussi froids.

Grèce
L'hiver, dans les îles grecques, il ne pleut qu'un jour sur trois. La mer reste à une température de 15 °C, même en plein hiver.

L'HABITAT FORESTIER TEMPÉRÉ

Une grande partie de l'Europe est couverte de forêts d'arbres à feuilles caduques (qui tombent en hiver) comme les chênes, les hêtres et les châtaigniers. Cette forêt abrite une riche vie animale : écureuils, lapins, sangliers, cerfs, renards et de nombreux oiseaux.

Papillons
Les chenilles mangent des feuilles tendres (chêne, érable et autres plantes). Elles tissent ensuite leur cocon dans les arbres et les fourrés pour accomplir leur métamorphose en papillons.

Daims
Ces cervidés au pelage tacheté se nourrissent de glands et d'herbes forestières. Ils se déplacent en hardes.

Recyclage
Les champignons accélèrent le recyclage des arbres morts et des déchets organiques.

Litière végétale
Les insectes, les champignons et les bactéries jouent un rôle majeur dans la dégradation de la litière, qui fournit des nutriments essentiels aux arbres.

Hibou grand-duc
Cet animal solitaire vit le jour et se cache la nuit. Le grand-duc est un chasseur oiseaux qui s'attaque même à d'autres hiboux. Son cri aigu peut être entendu à 3 km à la ronde.

Sanglier
Ce frère sauvage du porc domestique peut peser plus de 100 kg. Il a un excellent odorat, qui lui permet de détecter sa nourriture et la présence de chasseurs.

Construction de terriers
Dans la forêt, les lapins creusent des tunnels, appelés garennes. Chaque garenne a plusieurs entrées et sorties.

LA VIE
DANS LES BOIS

Hibernation

Certains mammifères, comme les chauves-souris, dorment au plus froid de l'hiver : c'est l'hibernation. Pendant cette phase, leur température corporelle baisse et leur respiration ralentit. Ils consomment très peu d'énergie et survivent grâce à la graisse accumulées en été et automne.

AUTOMNE
LES ARBRES FEUILLUS

Chute des feuilles

Pendant l'automne, avec la baisse des températures et le raccourcissement des jours, la plupart des arbres « feuillus » perdent leur feuillage. On les appelle ainsi pour les différencier des conifères, aux feuilles en épines qui sont persistantes.

Feuilles mortes

Les plantes élaborent de la chlorophylle, qui est verte. Lorsqu'il y a moins de soleil, en automne, elles n'en produisent plus, et les feuilles deviennent rouges, jaunes et marron.

POPULATION

Au début du XXe siècle, environ un quart de la population mondiale vivait en Europe. D'autres parties du monde ont depuis vu leurs populations croître et la dépasser en nombre. La majorité des Européens vivent dans des pays développés et ont un niveau de vie élevé.

La City à Londres
La City est le quartier d'affaires de Londres, qui est très animé dans la journée et beaucoup plus calme la nuit.

Traditions

Le Royaume-Uni entretient un héritage culturel ancien. Les Britanniques sont parvenus à un équilibre entre modernité et tradition.

LONDRES, ROYAUME-UNI
UNE VILLE TRÈS ÉTENDUE

Un centre d'affaires

Environ 7,8 millions de personnes vivent à Londres, la capitale du Royaume-Uni. Construite sur les rives de la Tamise, la ville s'est très étendue et est devenue un important centre d'affaires.

Le Tower Bridge

Le Pont de Londres, ou Tower Bridge, date de 1894. Il permet aux voitures et aux piétons de traverser la Tamise. Muni d'un système hydroélectrique, il peut s'ouvrir pour laisser passer les navires.

BELGIQUE
BRUXELLES

Siège des institutions européennes

Bruxelles est une des villes les plus peuplées d'Europe. C'est à la fois la capitale de la Belgique et le siège administratif de l'Union européenne. La plupart des Bruxellois parlent le français, mais aussi le flamand. Le Palais Royal (ci-dessous), construit en 1779, est la résidence officielle du roi des Belges.

BULGARIE
L'ENTRÉE DANS L'UNION EUROPÉENNE

Entre l'est et l'ouest

La Bulgarie a d'abord été annexée par l'Empire Ottoman, avant de rejoindre l'Union soviétique après la Seconde Guerre mondiale. En janvier 2007, elle est devenue membre de l'Union européenne. Sa population se compose de Bulgares, de Turcs et de Roms. La photo ci-dessous montre un paysan en costume traditionnel bulgare dans la ville touristique de Nessebar, sur la mer Noire.

ITALIE
NAPLES

Pittoresque et agitée

Naples, avec un million d'habitants, est la 3e ville d'Italie. Cette cité ancienne possède de très beaux monuments historiques mais elle souffre également de forts taux de chômage et de criminalité.

Naples Une rue dans le centre historique.

Commerce de rue Un vendeur propose ses lapins à vendre dans une rue de Naples.

FÉDÉRATION DE RUSSIE
MOSCOU

LA PLUS GRANDE VILLE

11,5 millions de personnes vivent à Moscou, ce qui en fait la plus grande ville d'Europe. Construite sur la rivière Moskova, c'est la capitale de la Fédération russe. Moscou compte de nombreux monuments imposants, à l'image du Kremlin, un immense palais fortifié au cœur de la ville. Il sert de résidence officielle au président russe.

ÉCONOMIE

L'économie européenne demeure l'une des plus puissantes du monde. Elle s'appuie sur des secteurs comme le commerce, les transports, la finance, le tourisme et l'industrie. Entre l'Est et l'Ouest, le Sud et le Nord, tous les pays européens ne sont pas au même niveau de développement.

L'Engadine, en Suisse
L'Engadine se situe à 1 800 m d'altitude. Entourée de beaux sommets, elle bénéficie des retombées économiques du tourisme et du ski.

LES ALPES
TOURISME

Les sports d'hiver

Chaque année, les sports d'hiver attirent des millions de visiteurs dans les Alpes. Il s'agit d'une importante source de revenus pour la région.

Jeune skieur
Le ski est bénéfique pour l'économie des Alpes.

MOYENS DE TRANSPORT
CHEMINS DE FER

Les trains à grande vitesse

Malgré ses nombreuses frontières naturelles, l'Europe a su développer son réseau ferroviaire. Le développement des échanges avec l'Asie est à l'origine d'une augmentation du trafic en provenance et à destination de l'Europe. Pour désengorger les aéroports et les routes, des lignes de trains à grande vitesse relient les grandes villes européennes en quelques heures. Il est par exemple possible d'aller de Paris à Londres en seulement deux heures.

L'Eurostar
Ce train relie Londres, Paris et Bruxelles.

AGRICULTURE
SECTEUR PRIMAIRE

Les roses de Bulgarie

Cultivées dans la Vallée des Roses, en Bulgarie, depuis des siècles, elles constituent une l'une des matières premières de la parfumerie. Elles sont récolées à la main, traditionnellement par les femmes.

Bergheim, Allemagne
Cheminées de refroidissement de la centrale électrique.

CARBURANT
GAZ NATUREL

Le problème de l'énergie

La majeure partie du gaz en Europe (environ 60 %) est importée. La Russie est l'un des principaux pays exportateurs vers l'Europe. Pour éviter d'en être trop dépendants, l'Europe de l'Ouest se tourne vers d'autres sources d'énergie (solaire, éolienne ou nucléaire).

UN ENSEMBLE DE NATIONS
UNE NOUVELLE EUROPE

L'Union européenne

27 pays d'Europe appartiennent à l'Union européenne (UE) et 17 ont adopté l'euro comme monnaie. Les citoyens européens peuvent voyager et travailler partout dans l'UE. En 2012, les pays de l'Union sont : l'Autriche, l'Allemagne, la Belgique, la Bulgarie, Chypre, le Danemark, l'Estonie, la Finlande, la France, la Grèce, la Hongrie, l'Irlande, l'Italie, la Lituanie, le Luxembourg, Malte, les Pays-Bas, la Pologne, le Portugal, la Roumanie, la République tchèque, le Royaume-Uni et la Slovaquie.

Usine automobile
L'Allemagne, la France et l'Italie sont les principaux constructeurs d'Europe.

PAYS-BAS
LES POLDERS

Récupération de terres

Les polders sont des terres en basse altitude, jadis marines, mais entourées de digues, qui les isolent de la mer. Ces terres ont été asséchées pour être cultivées. La poldérisation fut mise en pratique aux Pays-Bas au XIIe siècle.

PEUPLES ET LANGUES

Il y a 3 principaux groupes de langues en Europe : 300 millions de gens parlent les langues slaves, comme le russe ou le polonais, 200 millions les langues romanes, comme le français ou l'italien et 200 millions, les langues germaniques, comme l'allemand, le suédois ou l'anglais.

Protégées

Le finnois, le hongrois et l'estonien sont des langues ouraliennes, protégées en tant que langues nationales. Les autres langues ouraliennes ont été supplantées par le russe.

Le basque
Parlé dans les pays basques français et espagnol, c'est la seule langue d'Europe n'appartenant pas au groupe des langues indo-européennes.

Les plus parlées

La colonisation, entre le XVIe et le XXe siècle, a fait de l'anglais, de l'espagnol, du français et du portugais les langues européennes les plus parlées dans le monde.

Langage
La parole est le mode de communication le plus varié dans ses formes.

Habit traditionnel

Beaucoup de femmes musulmanes portent un voile couvrant leur tête. L'Europe comprenait 26 millions de musulmans en 2007, la plupart étant des immigrés ou enfants d'immigrés.

Immigration

Les immigrés sont victimes de différents types de discriminations. Ici, on voit des manifestants contre l'expulsion d'immigrés nigériens à Londres.

LES FAMILLES DE LANGUES
LANGUES EUROPÉENNES

Les langues indo-européennes

Presque toutes les langues européennes descendent des langues indo-européennes. Elles étaient parlées par les tribus asiatiques qui ont envahi l'Europe il y a 6 000 ans. Elles ont donné naissance à de nombreuses familles de langues :

1. Les langues thraco-illyriennes
2. Les langues baltiques
3. Les langues celtiques
4. Les langues slaves
5. Les langues germaniques
6. Les langues grecques
7. Les langues romanes
8. Les langues ouraliennes

Les langues romanes

Elles descendent du latin, et ont été diffusées par l'Empire romain :

1. L'espagnol (ou le castillan)
2. Le catalan
3. Le français
4. Le portugais
5. L'italien
6. Le romanche
7. Le roumain

Religion

La religion la plus répandue en Europe est le catholicisme :

1. **L'Église catholique**
   Elle est placée sous l'autorité du Pape.
2. **L'Église protestante**
   Elle regroupe les anglicans, les calvinistes, les luthériens et d'autres.
3. **L'Église orthodoxe grecque et russe**
   Les orthodoxes ne reconnaissent pas l'autorité du Pape.

EXEMPLES DE PEUPLES ET DE LANGUES
IDENTITÉS EUROPÉENNES

AUTRICHE
LE BAVAROIS

Un dialecte allemand

Le bavarois est parlé en Autriche et en Bavière, dans le sud de l'Allemagne. Ce dialecte est la langue maternelle de 12 millions de personnes.

SCANDINAVIE
SAMI

Peuple de Laponie

Une des dernières cultures traditionnelles d'Europe survit dans certaines régions de Scandinavie (Laponie), c'est celle des Sami, ou Lapons.

THE BALKANS
GRÈCE

Berceau d'une civilisation

La civilisation Grecque antique a exercé une forte influence en Europe. Aujourd'hui, les Grecs considèrent qu'ils font partie de l'Europe de l'Ouest, même s'ils sont dans la partie est du continent.

À TRAVERS L'EUROPE
LES ROMS

Le peuple indien

Les Roms sont arrivés d'Inde au XIe siècle. Cette communauté représente environ 12 millions de personnes.

LE PEUPLE SAMI

Les Sami, ou Lapons, représentent le plus ancien peuple d'Europe ayant conservé son mode de vie traditionnel. Habitant en Scandinavie, ils sont au nombre de 80 000. Le mode de vie traditionnel des Sami a changé avec l'arrivée du christianisme dans leur région il y a 1 000 ans, puis avec les avancées technologiques du XXe siècle.

DE L'AFRIQUE À L'ASIE PUIS DE L'ASIE À L'EUROPE

Un héritage commun

On pense que les Sami ont des origines Asiatiques, mais leurs racines se perdent parmi celles d'autres Européens. Des représentants de notre espèce quittèrent l'Afrique il y a 80 000 ans pour s'installer d'abord en Asie. Une vague d'immigration eu lieu vers l'Europe il y a 35 000 ans. Environ 80 % des Européens ont des ancêtres qui ont émigré à ce moment-là. Les 20 % restants sont issus d'une autre vague d'immigration, il y a 10 000 ans.

ADAPTATION AU CLIMAT

Peau claire

Le fait que les ancêtres des Sami (et des autres Européens) migrèrent de l'Afrique vers l'Asie, puis vers l'Europe, eut comme conséquence une moindre exposition au soleil : leur peau s'est éclaircie.

Une famille sami
Des Sami de Laponie posent pour le photographe, vers 1900.

Culture

Les Sami vivaient en petits groupes et allaient de ville en ville avec leurs troupeaux de rennes. Aujourd'hui, ils ont presque tous adopté le mode de vie des autres Européens.

Croyances

La religion sami est fondée sur la vénération d'esprits ancestraux et le respect des animaux (avec un véritable culte de l'ours blanc), mais de nombreux Sami sont aujourd'hui des chrétiens luthériens.

Outils

Les Sami sont des artisans : ils fabriquent des outils et des instruments à partir d'os, de bois et d'argent. Leurs sculptures sont souvent décorées de motifs géométriques.

Répartition

Les Sami sont répartis dans quatre pays : la Norvège, la Suède, la Finlande et la Russie. Ils ont leur propre drapeau.

Les habitations

Les Sami vivaient dans des tentes similaires aux tipis des Indiens d'Amérique. Elles étaient en peau de renne et faciles à démonter, lorsque la tribu devait se déplacer. Aujourd'hui, les Sami ont adopté un mode de vie sédentaire.

ÉCONOMIE

Les Sami étaient traditionnellement des chasseurs-cueilleurs. Aujourd'hui, ils sont éleveurs de rennes. On estime leur cheptel à un demi-million de têtes.

Tambour chamane

Le chamane est celui qui fait le lien avec le monde des esprits. Lors des cérémonies des Sami, le chamane jouait du tambour.

PRAGUE

Au cœur de l'Europe, la capitale tchèque célèbre une riche tradition musicale et culturelle. Située dans la région de Bohême, Prague accueille de nombreux touristes, qui apprécient ses musées, ses églises et synagogues, ses jardins et sa programmation musicale.

Pays	République tchèque
Superficie	496 km^2
Population	1 258 106 habitants
Densité	2 537 hab./km^2

LES SYMBOLES DE LA VILLE

L'Horloge astronomique

Datant du XVe siècle, l'Horloge astronomique est l'une des principales attractions touristiques de Prague. Des milliers de visiteurs se pressent pour la voir et l'entendre sonner, toutes les heures.

Le pont Charles

Ce célèbre pont relie la vieille ville à la ville actuelle. Inauguré en 1503, il mesure 516 m de long sur 9,5 m de large. Il est orné de statues et offre une vue panoramique sur Prague.

Population

Selon un recensement de 2006, 9 % de la population de Prague est d'origine étrangère.

La place de la Vieille Ville

La Vieille Ville de Prague s'étend entre la place Wenceslas et le pont Charles. L'église Saint-Nicolas domine le quartier nord de la vieille ville. L'Horloge astronomique et le Palais Goltz Kinsky sont sur la rive est.

PIÉTONS
La plupart des rues de Prague sont piétonnes. En été, les touristes se massent aux terrasses des cafés.

La Vieille Ville
Toute la partie ancienne de Prague, avec ses monuments, est interdite aux voitures.

DESTINATION TOURISTIQUE

La Vieille Ville de Prague

Le centre historique de Prague se situe dans la Vieille Ville. Ici, le monument le plus célèbre est l'Horloge astronomique. Le quartier de Malá Strana se trouve sur la rivière Vlatva.

Mémorial de Jan Hus.

La Maison dansante
Ce bâtiment représente un couple de danseurs et a été renommé « Ginger et Fred », en hommage aux danseurs américains Ginger Rodgers et Fred Astaire.

Le jardin Vrtbovska
Datant de 1720, ce jardin offre une vue spectaculaire sur la ville. Mariages, concerts et autres événements ponctuent la vie de ce beau domaine.

LE COLISÉE

Construit à Rome au premier siècle après Jésus-Christ, le Colisée fut commandé par l'empereur Vespasien. Cet amphithéâtre pouvait accueillir 50 000 spectateurs. C'est une des principales attractions touristiques de Rome.

LE COLISÉE
INFOS

Localisation :
Rome, Italie

Type architectural :
Amphithéâtre

Date d'ouverture :
80 av. J.-C.

Capacité :
50 000 spectateurs

Dimensions :

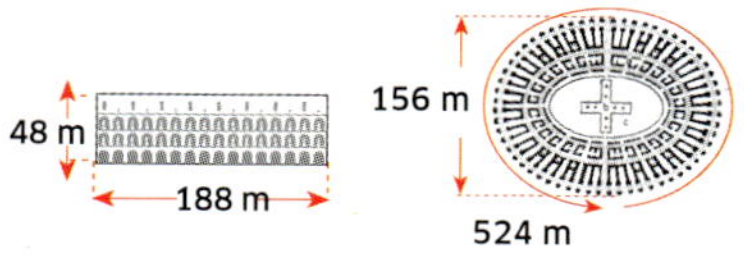

Colosse
Le Colisée tire son nom de la statue monumentale de l'empereur Néron.

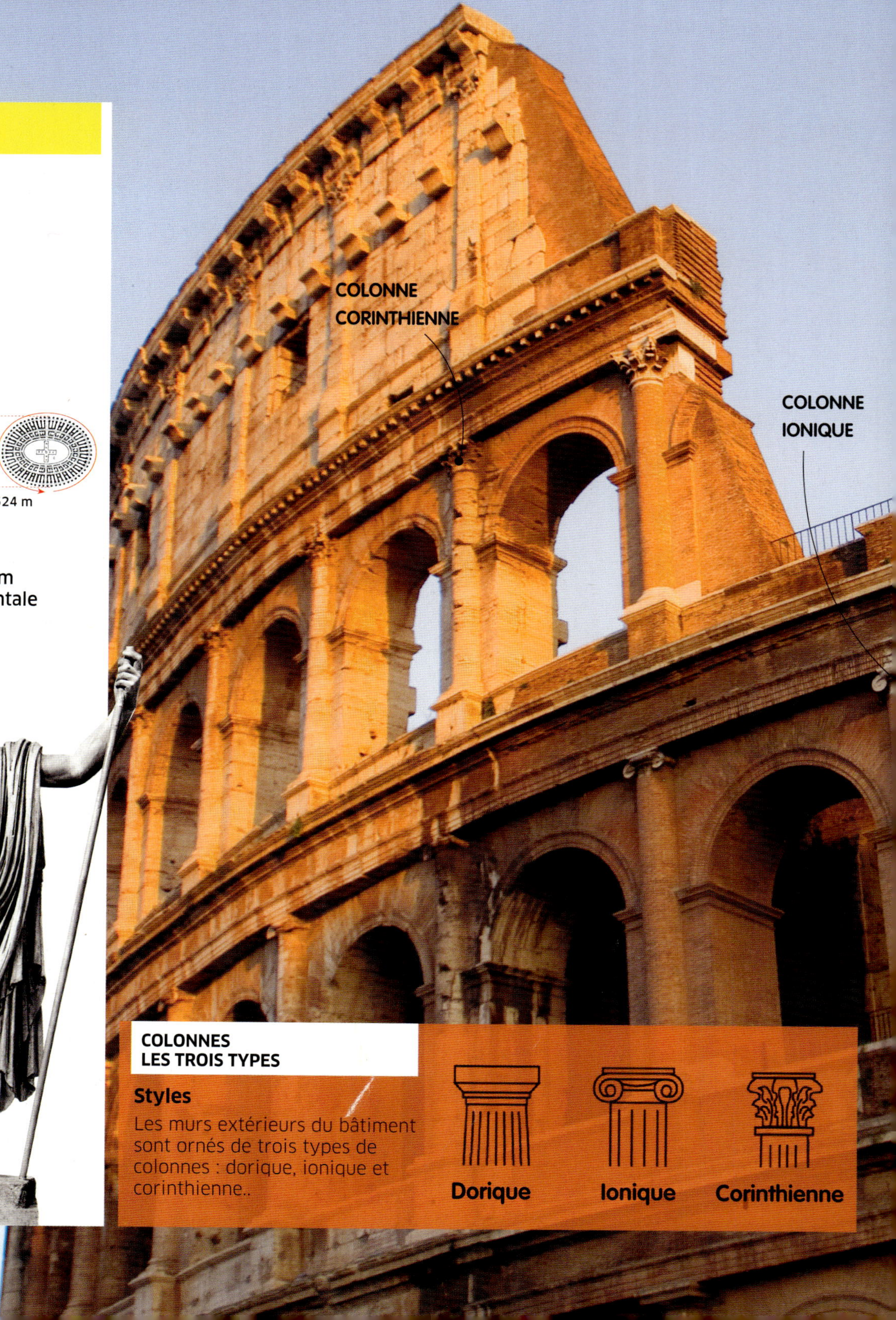

COLONNES
LES TROIS TYPES

Styles
Les murs extérieurs du bâtiment sont ornés de trois types de colonnes : dorique, ionique et corinthienne..

Dorique
Ionique
Corinthienne

STRUCTURE DU **COLISÉE**

Toit coulissant
Un toit en toile protégeait le public de la pluie et du soleil.

Souterrain
Des cellules et des cages accueillaient les gladiateurs et les animaux.

Les gradins
Les sièges étaient plus ou moins spacieux, selon les classes sociales. Les meilleurs étaient en marbre, les autres en bois.

L'arène
C'était le théâtre de scènes sanglantes (reproductions de batailles navales, de chasses, d'exécutions et de drames mythologiques).

Murs
Ils furent construits avec des pierres calcaires et des briques.

1 MILLION
Nombre de tonnes de pierres et de briques utilisées pour construire les arches.

Épreuves
Des tremblements de terre ont en partie détruit le Colisée.

Colisée Vue extérieure de l'amphithéâtre.

L'ALHAMBRA

Cette ville fortifiée du sud de l'Espagne comporte de nombreux palais, monuments fortifiés et jardins. Des Maures l'habitaient entre le XIIIe et le XVe siècle. C'est un des exemples les plus majestueux de l'art islamique en Europe.

L'ALHAMBRA
INFOS

Ancienneté :
IXe au XIVe siècle

Localisation :
Grenade, Espagne

Structure :
À l'origine, la ville était utilisée à des fins militaires et était donc à la fois une forteresse et un palais. Les Espagnols y ont ajouté des bâtiments, tels que le palais de Charles Quint.

10 000

Nombre d'inscriptions qui ornent l'Alhambra.

UN COIN DE PARADIS
DES COLONNES ET DES ARCHES

La cour aux lions

On peut voir ici comme une image du paradis. Une grande fontaine, soutenue par 12 lions sculptés, décore la cour aux lions. Les colonnes sont reliées par des arches qui laissent passer le soleil.

La fontaine aux lions
Faite de marbre, elle est située dans la cour.

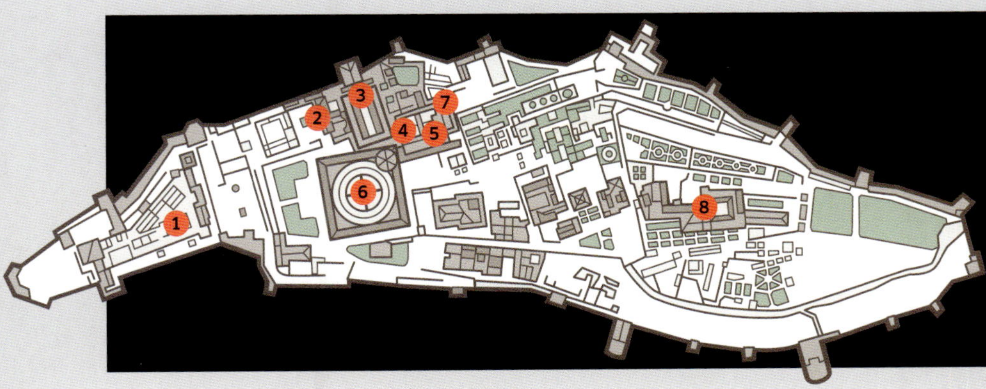

Plan architectural

1. La Alcazaba
2. La chambre dorée
3. Palais de Comares
4. Palais aux lions
5. Cour aux lions
6. Palais de Charles Quint
7. Salle des rois
8. Monastère Saint-François

Le dernier roi

Boabdil fut le dernier roi mauresque. Il fut renversé en 1492 par les forces catholiques du Nord.

ALLAH
On peut lire sur certaines inscriptions murales : « Il n'y a pas d'autre dieu qu'Allah ».

L'Alhambra
Le palais de l'Alhambra à Grenade, Espagne.

La Cour des Myrtes
Quand l'Alhambra fut construit, l'eau était conservée dans un grand étang, symbole de richesse et de pouvoir. Cette cour est également appelé Cour de l'étang.

Palais de Charles Quint
Bâti au XVIe siècle, il est de style Renaissance. Il est construit sur deux étages, autour d'une cour circulaire. Il abrite aujourd'hui le musée des Beaux-Arts.

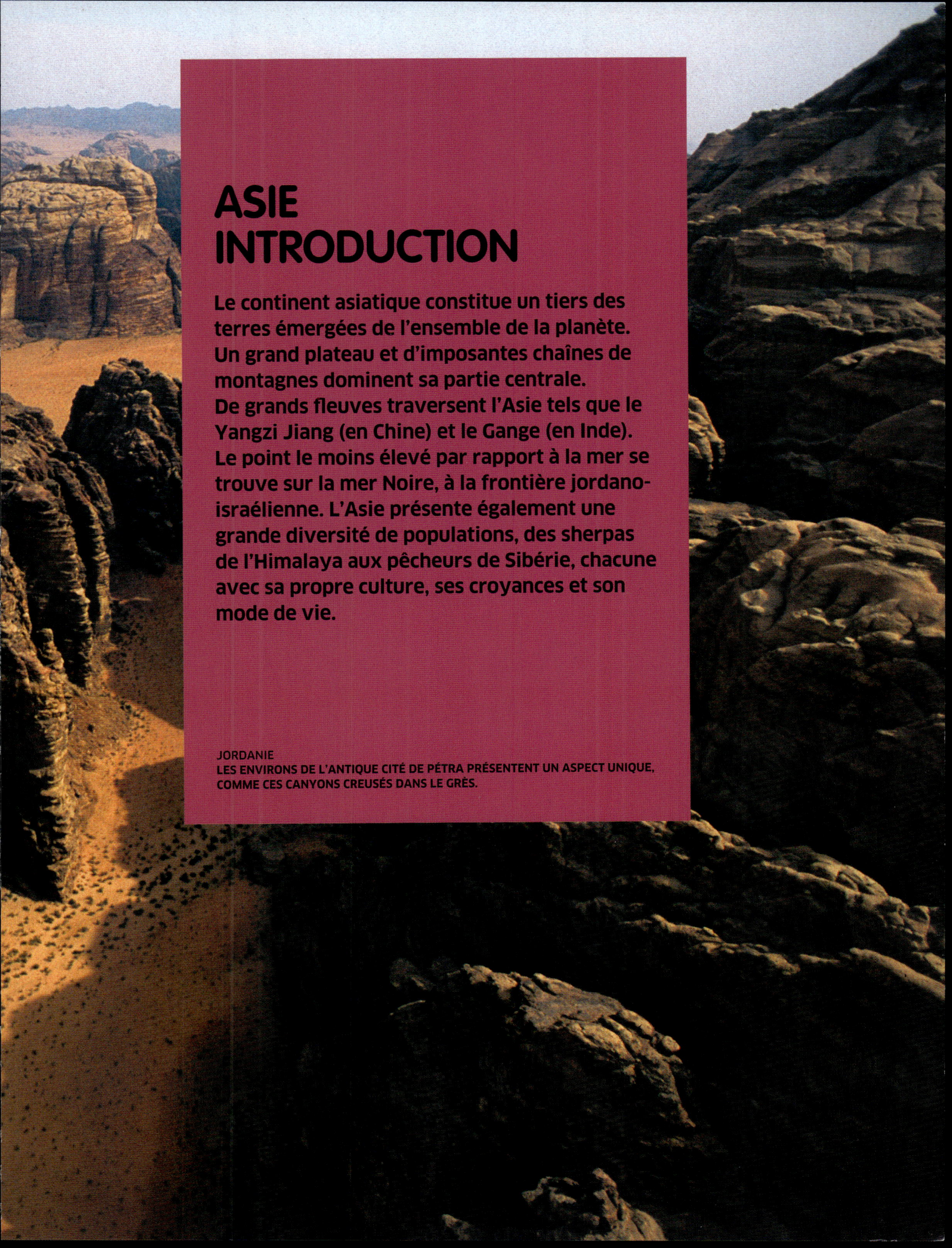

ASIE INTRODUCTION

Le continent asiatique constitue un tiers des terres émergées de l'ensemble de la planète. Un grand plateau et d'imposantes chaînes de montagnes dominent sa partie centrale.
De grands fleuves traversent l'Asie tels que le Yangzi Jiang (en Chine) et le Gange (en Inde). Le point le moins élevé par rapport à la mer se trouve sur la mer Noire, à la frontière jordano-israélienne. L'Asie présente également une grande diversité de populations, des sherpas de l'Himalaya aux pêcheurs de Sibérie, chacune avec sa propre culture, ses croyances et son mode de vie.

JORDANIE
LES ENVIRONS DE L'ANTIQUE CITÉ DE PÉTRA PRÉSENTENT UN ASPECT UNIQUE, COMME CES CANYONS CREUSÉS DANS LE GRÈS.

ASIE
CARTE PHYSIQUE

OCÉAN PACIFIQUE
Taiwan
Luçon
Philippines
MER DES PHILIPPINES
MER DE CHINE MÉRIDIONALE
Mindanao
Palawan
Bornéo
Célèbes
Moluques
Java
Sumatra
Petites îles de la Sonde
Grandes îles de la Sonde
Péninsule Indochinoise
Golfe du Tonkin
Hainan
Mékong
Yangzi Jiang
Tropique du Cancer
Plateau Tibétain
HIMALAYA
Everest
8 848
Gurla Mandhata
7 728
Gange
Brahmapoutre
Salouen
Delta du Gange
Golfe du Bengale
MER DES ANDAMAN
Îles Andaman
Îles Nicobar
Sous-continent Indien
GHÂTS ORIENTAUX
GHÂTS OCCIDENTAUX
Sri Lanka
Pidurutalagala
2 523
Cap Comorin
Cap Dondra
Îles Laquedives
Îles Maldives
Archipel des Chagos
I. Diego Garcia
Indus
Narmada
Godavari
Krishna
Yamuna
Golfe de Kutch
Golfe de Khambhat
Golfe d'Oman
MER D'OMAN
DÉSERT DE RUB' AL KHALI
Golfe d'Aden
Socotra
Bab-el-Mandeb
ROUGE
AFRIQUE
Équateur
OCÉAN INDIEN
Tropique du Capricorne
AUSTRALIE
Échelle
0
1 000 km
LÉGENDE
Altitude (en mètres)
4 000 ou plus
2 000
500
200
0
- 200
Profondeur
0
- 200
- 2 000
- 4 000
- 6 000

ASIE
CARTE POLITIQUE

AUSTRALIE
AFRIQUE
INDE
INDONÉSIE
MALAISIE
PHILIPPINES
TAIWAN
VIÊT NAM
LAOS
THAÏLANDE
CAMBODGE
MYANMAR (BIRMANIE)
BANGLADESH
BHOUTAN
NÉPAL
SRI LANKA
MALDIVES
PAKISTAN
OMAN
YÉMEN
ARABIE SAOUDITE
ÉMIRATS ARABES UNIS
BRUNEI
SINGAPOUR
TIMOR ORIENTAL
OCÉAN INDIEN
OCÉAN INDIEN
MER D'ARABIE (MER D'OMAN)
Golfe du Bengale
MER DES ANDAMAN
MER DES PHILIPPINES
MER DES CÉLÈBES
Golfe d'Aden
Golfe d'Oman
Équateur
Tropique du Cancer
Tropique du Capricorne
Petites Îles de la Sonde
Îles Laquedives (Inde)
Îles Andaman (Inde)
Îles Nicobar (Inde)
Archipel des Chagos (R.-U.)
Socotra (Yémen)
Îles Babuyan
Moluques
Taipei
Kaohsiung
Manille
Quezon
Laoag
Zamboanga
Hanoi
Vientiane
Bangkok
Phnom Penh
Hô Chi Minh
Nha Trang
Kuala Lumpur
Singapour
Bandar Seri Begawan
Jakarta
Surabaya
Palembang
Dili
Kupang
New Delhi
Katmandou
Thimbu
Dhacca
Naypyidaw
Colombo
Malé
Mascate
Abu Dhabi
Doha
Sanaa
Chengdu
Changsha
Xiamen
Hong Kong
Macao
Haikou
Beihai
Lhassa
Calcutta
Madras
Bombay
Karachi
Lahore
Échelle
0
1 000 km

MERVEILLES NATURELLES

L'Asie, plus grand continent au monde, s'étend de la toundra nordique aux forêts tropicales. Il comprend les plus vastes déserts de sable, des lacs cristallins et les plus hauts sommets du globe. C'est une vraie terre de contrastes.

Asie centrale
De vastes régions désertiques et des montagnes arides dominent les paysages d'Asie centrale.

KAZAKHSTAN
DÉSERTIFICATION

Plateaux arides

L'Asie centrale est une région de collines, de déserts et de plateaux. La mer d'Aral (le 4e plus grand lac salé au monde) occupe le centre de cette région. Depuis 1960, sa surface a diminué de 75 %, car les rivières et les fleuves qui l'alimentaient ont été déviés pour irriguer les champs de coton. Une végétation pauvre, associée à un climat sec – moins de 381 mm de pluie par an – ont contribué à remplacer des régions auparavant fertiles par un désert. Ce processus est appelé désertification.

ASIE CENTRALE
MASSIF DE L'ALTAÏ

Au pied de l'Altaï

Le massif de l'Altaï traverse la Russie, la Chine, la Mongolie et le Kazakhstan. Des vallées fluviales séparent les montagnes et abritent des prairies montagneuses. Son point culminant jalonné de glaciers est le Mont Béloukha (4 506 m). De nombreuses espèces, dont le léopard des neiges, peuplent la région.

CHINE
FLEUVE YANGZI JIANG

En amont du fleuve Jaune

Le Yangzi Jiang est le 3e fleuve le plus long au monde (6 300 km) après le Nil et l'Amazone. Il prend sa source au Tibet et se jette dans la mer Jaune. Le barrage des Trois-Gorges, un monument d'ingénierie construit sur le bras nord-est du fleuve, fournit de l'électricité (d'origine hydraulique) à plusieurs grandes villes.

ARABIE SAOUDITE
DÉSERTS DE SABLE

Le Quart vide

Le Rub Al-Khali (le « Quart vide »), au sud de la péninsule arabique, est l'un des plus vastes déserts de sable au monde. Il englobe l'Arabie saoudite, une partie du sultanat d'Oman, des Émirats arabes unis et du Yémen, sur 650 000 km². Ses conditions climatiques extrêmes le rendent pratiquement impossible à traverser.

SIBÉRIE
LAC BAÏKAL

L'Œil bleu de la Sibérie

Le lac Baïkal, aussi appelé « Œil bleu de Sibérie » (à cause de la couleur de ses eaux) contient 20 % de l'eau douce mondiale. Long de 636 km et profond de 1 620 m, il a été classé au patrimoine de l'humanité par l'Unesco en 1996.

Île d'Olkhon

L'île d'Olkhon (ci-dessous), avec ses 730 km², est la plus grande île du lac Baïkal en Sibérie orientale. Elle est couverte de forêts et d'une petite steppe qui abrite elle-même plusieurs lacs intérieurs.

Vue du lac Baïkal.

ASIE DU SUD
L'HIMALAYA

L'Himalaya est la plus haute chaîne de montagnes au monde. Longue de 2 440 km, elle est dominée par le mont Everest, qui culmine à 8 848 m. La hauteur de ces montagnes résulte de la collision entre les plaques tectoniques indienne et eurasienne (il y a 50 millions d'années). La région de l'Himalaya abrite de nombreux glaciers qui approvisionnent la région en eau douce.

RELIEF ASIATIQUE
PROFIL D'UN PAYSAGE ASIATIQUE

Les paysages d'Asie sont de tout types : barrières montagneuses, déserts, plateaux et bassins (comme le montre ce schéma).

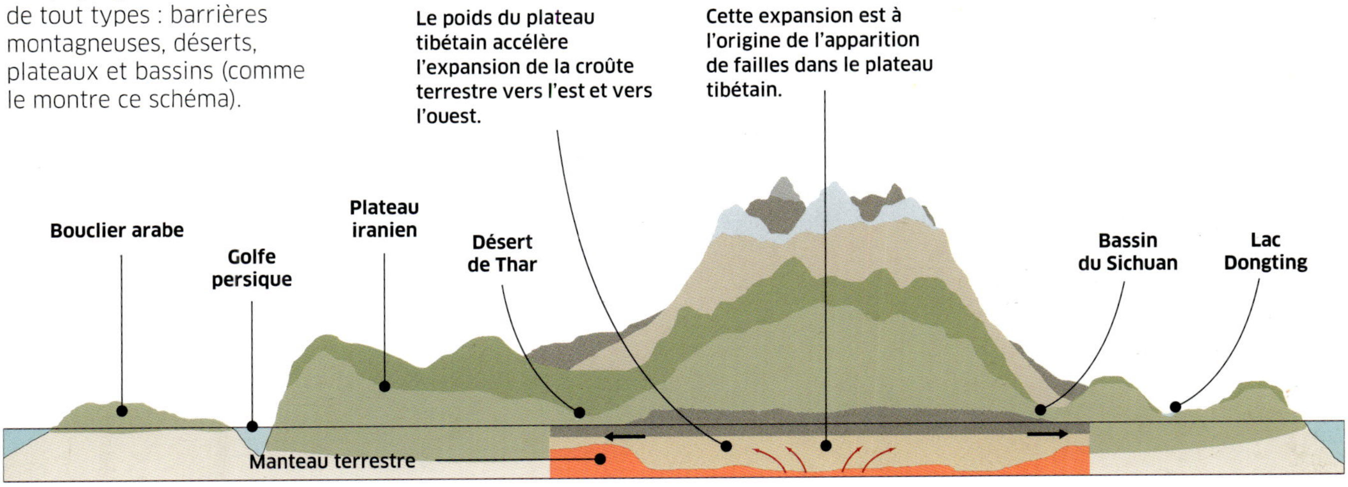

L'HIMALAYA

Les plus hauts sommets du monde (à près de 9 000 m) culminent dans cette chaine de montagnes asiatique. L'Himalaya s'étend sur plusieurs pays : le Pakistan, l'Inde, le Népal, le Bhoutan et le Tibet.

10 000
Nombre de tentatives d'escalades de l'Everest depuis 50 ans.

LES ORIGINES DE L'HIMALAYA

Habitants des hauteurs

Les habitants de l'Himalaya sont issus de peuples et de groupes religieux différents. Les Mongols, adeptes du bouddhisme, habitent dans le nord. Les musulmans sont majoritaires au sud, à l'est et à l'ouest, tandis que les hindous dominent le centre de la chaîne.

Les pionniers

Le 29 mai 1953, le Néo-zélandais Edmund Hillary et son guide Tenzing Norgay (ci-dessous) furent les premiers à atteindre le sommet de l'Everest. L'Anglais Georges Mallory les avait peut-être précédé en 1924, mais il mourut lors de la descente.

LE MASSIF DE L'HIMALAYA INFOS

Plusieurs chaînes

L'Himalaya est un massif composé de nombreuses chaînes de montages.

Surface couverte par la chaine : 612 000 km².

Écosystème : haute montagne.

Point culminant : Mont Everest (8 848 m).

Cité himalayenne

Muzaffarabad, capitale de l'Azad Cachemire (Pakistan) est située au pied de l'Himalaya. Le 8 octobre 2005, un fort tremblement de terre l'a en grande partie détruite.

Flore

Sapins, genévriers (ci-dessous), bouleaux, et rhododendrons sont très répandus dans la région.

Lac d'altitude

À 3 780 m d'altitude, le lac Tsomgo est situé à 40 km de Gangtok, la capitale du Sikkim. Bien qu'il abrite une faune et une flore variée, le lac gèle en hiver.

Depuis l'espace

Cette image satellite montre l'Himalaya vu depuis l'espace. La chaîne de montagnes est reconnaissable à l'aspect ridé qu'elle donne à la région.

RECORD
L'Himalaya compte 10 des 14 plus hauts sommets au monde.

Les Sherpas

Les vallées de l'Himalaya sont habitées par les Sherpas. Ces montagnards expérimentés servent souvent de guides aux alpinistes.

Mont Everest
Les sommets enneigés de l'Himalaya s'élèvent au-dessus des nuages.

LE MONT FUJI

Cette montagne sacrée japonaise est un volcan qui, bien qu'inactif depuis plus de 300 ans, n'est pas éteint. Il est considéré comme le volcan le plus parfait sur Terre du fait de la symétrie de son cône. On trouve des lacs, des plateaux, des chutes d'eau et des grottes au pied du mont Fuji.

Bleu et blanc

Le gobe-mouche bleu et blanc est un oiseau migrateur. Il vit au Japon, en Corée et dans certaines régions de la Chine et de la Russie.

Printemps

La plus belle manifestation du printemps au Japon ce sont les cerisiers en fleurs.

TEMPÉRATURE

Le record de froid sur le Mont Fuji, -38 °C, fut enregistré en février 1981.

Le Lac Kawaguchi

Ce lac est très célèbre car il reflète la face nord du mont Fuji comme un miroir.

Mont Fuji
Vue panoramique du volcan, de la ville de Fujiyoshida et du lac Kawaguchi.

Mer d'arbres

La forêt d'*Aogigahara ou Jukai* (« mer d'arbres ») pousse sur les lieux d'une éruption datant de 864 av. J.-C.

Depuis Tokyo

Sur cette vue aérienne de Tokyo, on peut voir le mont Fuji, symbole du Japon à l'arrière-plan.

Infos

Le mont Fuji est situé au centre du Japon, à l'ouest de la capitale Tokyo. Ce volcan est actif, mais les risques d'éruption sont faibles.

1. **Emplacement :** île d'Honshû
2. **Type :** stratovolcan actif
3. **Altitude :** 3 776 m

Sommet enneigé

La température au sommet du mont Fuji ne passe que rarement au dessus de 0 °C.

Endroit sacré

Pendant des siècles, l'ascension du mont Fuji était réservée aux moines et aux pèlerins. Jusqu'en 1872, les femmes n'avaient pas le droit d'y monter.

HISTOIRE
TROIS ÉRUPTIONS

Mont Fuji

Le mont Fuji a connu trois éruptions majeures, chacune modifiant la forme et la taille du volcan.

Il y a 700 000 ans : l'éruption de Komitake. Son cône domine aujourd'hui le versant est du mont Fuji.

Il y a 100 000 ans : éruptions du « Vieux Fuji », qui furent ensuite recouvertes par les éruptions suivantes.

Décembre 1707 : dernière éruption.

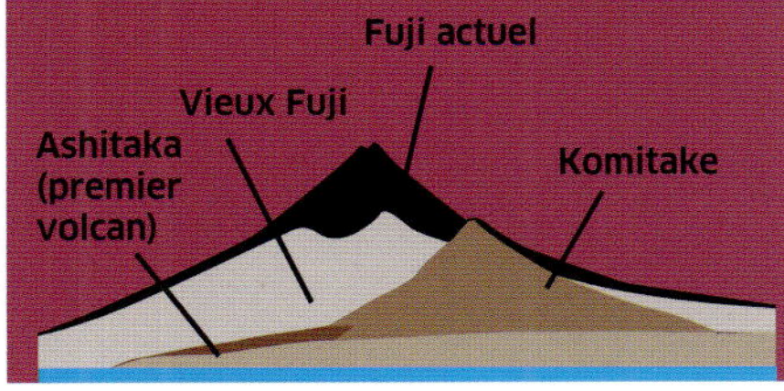

INFORMATIONS TOURISTIQUES

Les chutes de Shiraito

Bien que les chutes ne culminent qu'à une vingtaine de mètres, il s'agit d'un monument national sacré pour les Japonais. Les chutes sont entourées d'arbres, ce qui en fait un site touristique majeur.

LA MOUSSON

Les moussons sont des vents saisonniers qui charrient des pluies. Elles rythment la vie et l'économie de l'une des régions les plus densément peuplées du monde. Bien que les gens se réjouissent de l'arrivée des pluies et de la fin la sécheresse hivernale, les moussons provoquent également des inondations et dévastent les récoltes et les habitations.

ORIGINE

Le mot « mousson » vient de l'arabe « mawsim » (« saison »).

Les bienfaits des inondations

Bien que les autochtones craignent les inondations, les boues qu'elles laissent rendent les sols plus fertiles et assurent la qualité des futures récoltes.

Champs à Oman

Quand les moussons ne font pas trop de dégâts, les agriculteurs s'en réjouissent car elles fertilisent le sol et donnent de meilleures récoltes.

L'aide internationale

Les inondations dévastatrices de 2010 ont obligé le Pakistan à demander l'aide de pays étrangers. Ici, un militaire observe les inondations depuis un avion.

2 400

Nombre de morts pendant la saison des moussons en 2008.

Des pluies torrentielles

En 2009, au Viêt Nam, des pluies torrentielles ont privé 300 personnes de maison et en ont tué 8.

L'Inde sous les eaux

En Inde, des scènes comme celles-ci sont fréquentes pendant la saison des moussons, de juin à octobre.

Des rivières en crue

Les affluents du Gange et du Brahmapoutre peuvent déborder à cause de la mousson, inonder des terres et provoquer des coulées de boue.

Désastre au Pakistan

Cette vue aérienne montre les inondations de 2010 à Muzaffargarh, dans le sud du Penjab au Pakistan. Près de 14 millions de personnes ont perdu leur maison lors de ces inondations.

COMMENT SE PRODUIT-ELLE ?
LA MOUSSON

Différences de températures

Les moussons sont des vents saisonniers dont la direction change selon la saison.

La mousson d'hiver est un vent froid qui souffle du continent vers l'océan.

La mousson d'été souffle une masse d'air chaud et humide de l'océan Indien et du sud de la mer de Chine vers l'Asie.

Le vent s'écrase sur les hauts massifs et provoque de fortes pluies entre avril et octobre.

Ces dernières années, à cause du réchauffement climatique, l'intensité des moussons a augmenté.

MOUSSONS ASIATIQUES
PAKISTAN – LADAKH – CHINE - CORÉE

Dégâts de 2010

Les inondations en Asie ont dévasté de vastes régions. Au Pakistan, plus de 300 000 maisons furent détruites. Dans la région de Ladakh, en Inde, près de 185 personnes sont mortes et plus de 700 en Chine. En Corée du Nord, 800 000 personnes ont dû quitter leur maison.

LE FLEUVE SACRÉ

Le Gange est sacré pour les Hindous. Les fidèles croient que le fleuve sauvera leur âme. Après leur mort, leurs dépouilles sont incinérées et leurs cendres dispersées dans les eaux du fleuve.

La ville aux 1 000 temples

Le temple de Vishwanath est le plus sacré de Varanasi. Dédié au dieu Shiva, il est recouvert de 750 kilos d'or.

LE BASSIN DU GANGE
INFOS

Source de vie

Fleuve immense et généreux, le Gange fournit de l'eau douce à des millions de personnes.

Surface du bassin : 907 000 km²
Source du fleuve : Gomukh, à l'embouchure du glacier Gangotri dans l'Himalaya
Longueur : 2 506 km

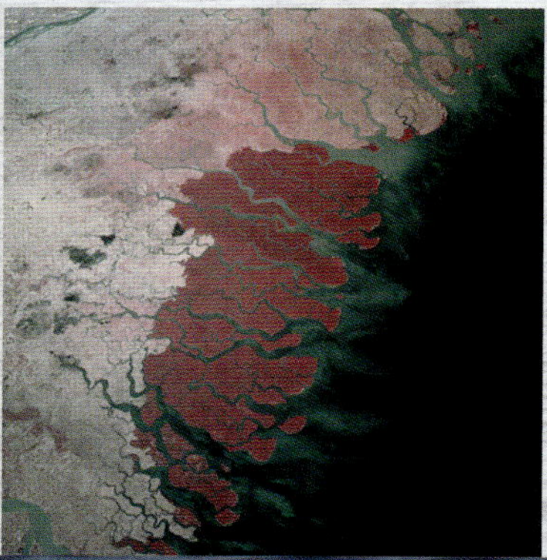

CROYANCES
RITES RELIGIEUX

Le fleuve est une déesse

Pour les hindous, le Gange est l'incarnation de la déesse Gangâ. Il est important pour eux de se baigner dans les eaux du fleuve et d'y disperser les cendres de leurs êtres chers.

LE GANGE

Le Gange puise sa source dans l'Himalaya, à 4 140 m d'altitude. Au fil de ses 2 506 km, il traverse les montagnes et les plaines, jusqu'à se jeter dans le golfe du Bengale. Plusieurs civilisations se sont développées sur ses rives, en y bâtissant des temples et en y aménageant des rizières.

Varanasi, Inde
La ville, vue de la rivière.

Contamination

Des millions de personnes se baignent dans le Gange. Le fleuve charrie toutes sortes d'eaux usées et de restes de crémations, l'analyse de l'eau révele qu'ils sont sources de maladies.

1 000 millions

Nombre de litres d'eaux usées rejetées dans le fleuve chaque jours !

140 MILLIONS

Nombre de personnes vivant dans le delta du Gange.

Ponts suspendus

Plusieurs ponts suspendus traversent le Gange, dont le Lakshman Jhula (le plus ancien) et le Ram Jhula. Ils sont destinés aux piétons, mais les cyclistes les empruntent aussi parfois.

Calcutta

Avec plus de 14 millions d'habitants, Calcutta est l'une des plus grandes villes riveraines du Gange. À l'époque coloniale, la Grande-Bretagne gouvernait l'Inde. Ce bâtiment a été construit en 1921, en mémoire de la reine Victoria.

LES ANIMAUX DU DÉSERT DE GOBI

Le désert de Gobi, au nord de la Chine et au sud de la Mongolie est extrêmement sec, surtout en hiver. Des chameaux, des ânes, des chevaux sauvages et des oiseaux y vivent et des fossiles extraordinaires y ont été découverts.

UN FROID GLACIAL
Le climat du désert de Gobi est froid. Il gèle souvent dans les dunes.

Dans le désert

En Mongolie-Intérieure, les oiseaux migrateurs nichent dans de petits arbustes car il n'y a pas d'arbres.

Des pattes puissantes

La gerbille vit la nuit, pour éviter la chaleur de la journée. Elle se sert de ses pattes arrière et de sa queue pour se déplacer à la recherche de nourriture (des graines).

1 295 000
**Surface (en km²)
du Désert de Gobi.**

Les chevaux sauvages

L'origine des chevaux sauvages de Gobi remonte à 20 000 ans.

Le boa des sables

Il chasse et tue sa proie en l'entourant et en l'étouffant. Une fois que la proie est morte, le serpent l'avale tout entière.

ANIMAUX PARTICULIERS DU DÉSERT DE GOBI

Les Chameaux

Les chameaux de Bactriane ont deux bosses. Leur fourrure s'est adaptée au désert, leur permettant de résister aux températures extrêmes : supérieures à 60 °C l'été et souvent négatives l'hiver.

Un désert d'herbivores

La réserve naturelle de l'Altaï abrite des gazelles de Perse (ci-dessous), des ours bruns, des chevaux sauvages et des ânes. La gazelle de Perse court vite, elle peut parcourir 30 km en une journée l'hiver contre 1 à 3 km l'été (à cause de la chaleur).

Les Fossiles de Gobi

Les premiers fossiles trouvés en Gobi étaient ceux de crânes de lézards et de petits mammifères. Des nids et des œufs fossilisés de dinosaures ont permis aux scientifiques de mieux comprendre comment ces derniers vivaient.

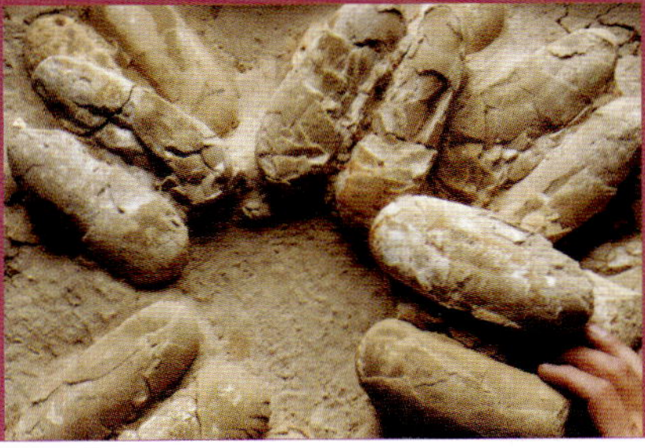

POPULATION ET ÉCONOMIE

Bien que l'Asie soit le continent le plus peuplé, sa population et ses richesses ne sont pas réparties de manière homogène. De grandes zones inhabitées côtoient certaines des plus grandes villes du monde. Les pays producteurs de pétrole, riches et industrialisés contrastent avec les pays pauvres d'Asie centrale.

Tokyo, Japon
Une foule dans l'une de ses rues.

RÉGIONS
LES PLUS PEUPLÉES

Pékin, Chine

Pékin, capitale de la Chine, compte 19,6 millions d'habitants. Les palais de la Cité interdite et la Grande Muraille font partie des ses sites touristiques incontournables.

Calcutta, Inde

Capitale du Bengale-Occidental, Calcutta compte plus de 14 millions d'habitants. Kolkata (son nom officiel) était la capitale de l'Inde jusqu'en 1911.

Tourisme

De nombreux sites touristiques participent largement à l'économie asiatique. Ces chameliers emmènent les touristes dans les ruines de Pétra, en Jordanie.

Rizières

Beaucoup d'Asiatiques vivent encore à la campagne. Le riz est encore le principal produit d'exportation de l'agriculture en Thaïlande. Il est vendu dans le monde entier.

Rajasthan, Inde
Les transports en commun souvent pris d'assaut en Inde.

CONTRASTE ENTRE LES RÉGIONS
INFRASTRUCTURES

Les transports

Dans les pays développés ou en voie de développement d'Asie, les moyens de transport sont nombreux. Par exemple, la Chine a un réseau ferroviaire très étendu et de nombreux aéroports. Dans d'autres pays plus pauvres, comme l'Inde, de vastes régions sont mal desservies.

L'aviation chinoise

China Southern Airlines est la première compagnie aérienne en Asie. En Inde, l'éléphant est un moyen de transport exceptionnel.

Koweït
Grâce au pétrole, le Koweït est l'un des pays les plus riches de la péninsule arabique.

LES DROITS DE L'HOMME
LES ENFANTS

La pauvreté

L'Afghanistan, le Bengladesh, le Cambodge et le Laos sont parmi les pays les plus pauvres d'Asie. L'espérance de vie de leurs habitants est plus courte que la moyenne. En Inde et en Asie du Sud-Est, plus de 30 millions d'enfants sont contraints de travailler pour pouvoir manger.

PANORAMA
COMMERCE LOCAL ET EXPORTATION

L'industrie en Asie

La Chine et le Japon sont deux puissances industrielles. Beaucoup de produits, fabriqués là-bas, sont exportés en occident. Face à ces grandes industries, des commerces plus locaux, comme le textile fait main, ont toujours cours dans certains pays d'Asie.

PEUPLES ET LANGUES

Pachtounes, Ouïghours, Arabes, Kirghizes, Tchouktches... : l'étendue et la diversité du continent asiatique ont forgé des populations très variées, chacune parlant sa propre langue.

Le hangeul

Le Corée (du Nord et du Sud) n'a qu'un seul alphabet, le hangeul, contenant 24 consonnes et voyelles.

Religions

L'islam, le bouddhisme et l'hindouisme sont les religions les plus pratiquées en Asie.

LES PLUS COURANTES
Le mandarin de Chine est l'une des langues les plus parlées au monde.

Moines lisant des textes religieux au Tibet.

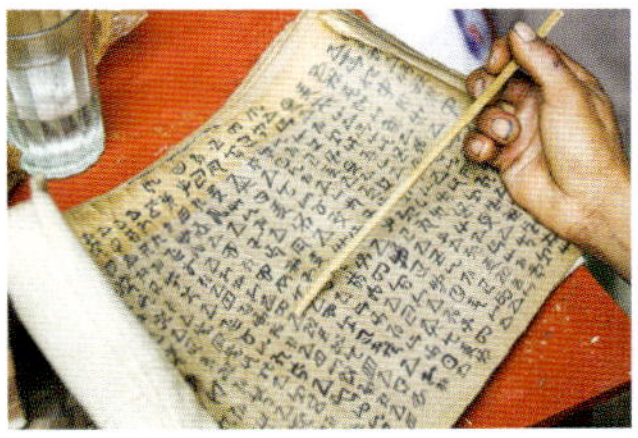

Le papier et l'impression

Inventé en Chine en 104 av. J.-C., c'est aussi là-bas que la première presse à imprimer fut utilisée.

Hébreu

L'hébreu ancien a disparu au 1er siècle av. J.-C. Près de 2 000 ans plus tard, il est à nouveau parlé par les Israéliens.

UNE HISTOIRE COMPLEXE

D'anciennes civilisations

Plusieurs des plus anciennes civilisations du monde sont nées en Asie :

1. **Sumer (3200–2300 av. J.-C.) :** À l'endroit de l'actuel Iraq, les Sumériens ont inventé l'écriture et les mathématiques.
2. **Chine (unifiée en 221 av. J.-C.) :** Cet empire a duré jusqu'en 1912.
3. **Harrapâ (2600 - 1800 av. J.-C.) :** Mise au point d'un système d'écriture (nord-ouest de l'Inde)
4. **Perse (550 av. J.-C.) :** Cet empire s'étendait autour de l'actuel Iran.

Empires islamiques

Après l'apparition de l'Islam, différents empires se sont créés :

1. **1 630 av. J.-C.** : Les tribus de la péninsule arabique se regroupent en un seul état, étendu plus tard à la Syrie, la Palestine et au reste de l'Afrique.
2. **1200 - 1300 :** Les Mongols d'Asie centrale se convertissent à l'Islam et fondent un empire, allant de la Chine à l'Inde.
3. **1300** : Les Turcs fondent l'Empire Ottoman, qui domina l'Asie occidentale jusqu'en 1923.

La colonisation européenne

À partir du XVe siècle, les Portugais ont commencé à commercer avec l'Asie du Sud et à s'y installer. Au siècle suivant, les Hollandais, les Anglais et les Français ont pris le contrôle des routes commerciales et de certains pays (Inde, Indonésie...).

GROUPES ETHNIQUES
DIFFÉRENTES LANGUES

BIRMANIE
LES PADAUNG

Les « femmes girafes »

Les femmes padaung allongent leur cou en portant d'épais colliers. Avec 130 000 membres, la tribu des Padaung est l'une des minorités ethniques de Birmanie.

CHINE – VIÊT NAM – BIRMANIE
LES HMONG

Habitants des montagnes

Au nombre de 7 millions, ils vivent dans les montagnes chinoises, vietnamiennes et birmanes. Leur langue est parlée dans la plupart de l'Asie du Sud-Est.

DE L'ASIE AU RESTE DU MONDE
LES ROMS

Mère et fille

Originaires du nord-ouest de l'Inde, du Penjab, du Gujarat, du Rajasthan et du Sind (actuel Pakistan), leur langue est le romani.

INDE
LES TODAS

Vie pastorale

Parlant l'une des langues dravidiennes, ce groupe de bergers vit dans des maisons en bois couvertes de chaume sur les hauteurs des Nîlgîri au sud de l'Inde.

LES MONGOLS

Descendants des tribus de Gengis Khan, le conquérant de la quasi-totalité de l'Eurasie au début du XIIIe siècle, les Mongols vivent encore dans les steppes d'Asie, comme leurs ancêtres. Leur mode de vie (organisé autour de l'élevage et de la pratique du cheval) n'a pratiquement pas changé.

DEPUIS L'ASIE
LE DÉTROIT DE BÉRING

À travers les continents
Il y a 15 à 20 000 ans, à la fin de la période glacière, un petit groupe de personnes s'aventura dans le nord-est de l'Asie, sans doute lors d'une expédition de chasse. Ils traversèrent le détroit de Béring, alors que le niveau de la mer était plus bas qu'il ne l'est aujourd'hui, pour arriver sur le continent nord-américain, en Alaska et décidèrent de s'y installer.

UNE GRANDE FAMILLE

Asie et Amérique du Nord
La plupart des scientifiques s'accordent à dire que les ancêtres des habitants de la Sibérie (ci-dessous) sont apparentés aux Indiens d'Amérique.

Nouvel an lunaire
Les Mongols fêtent le nouvel an selon le calendrier lunaire. La fête a lieu fin février et dure trois jours. C'est l'occasion de se divertir et de cuisiner des plats de fête.

Habitat traditionnel

Beaucoup de Mongols vivent encore dans de grandes tentes, des yourtes. Faciles à transporter, elles conviennent à leur mode de vie nomade.

Économie nomade

Le bétail est important pour les Mongols. Ils se nourrissent de leur viande et du lait, s'en servent pour leurs déplacements et utilisent leurs peaux.

La chasse **Un nomade des steppes de Mongolie.**

Culture

Les Mongols sont environ 7 à 7,5 millions. La tradition de la chasse perdure encore de façon très vive aujourd'hui. Doués d'un grand esprit d'équipe, ils sont en général très bienveillants les uns envers les autres.

Croyances

Pour les Mongols, des esprits ou des dieux vivent dans des autels (en pierre ou en bois) qu'ils ont construits : des oboo. Ils sont en général orientés vers le sud ou le sud-est.

Chants et danses mongols

Les Mongols pratiquent le *tsam*, une danse masquée traditionnelle pour chasser les mauvais esprits. Ils jouent de la musique et chantent des airs traditionnels.

LE TAJ MAHAL

Le Taj Mahal est un magnifique monument funéraire, proche de la rivière Yamuna à Agra, en Inde. Construit au XVe siècle par l'empereur moghol Shah Jahan en l'honneur de sa femme, Mumtaz Mahal, morte en couche. Ils partagent aujourd'hui cet étincelant mausolée de marbre couvert de pierres précieuses.

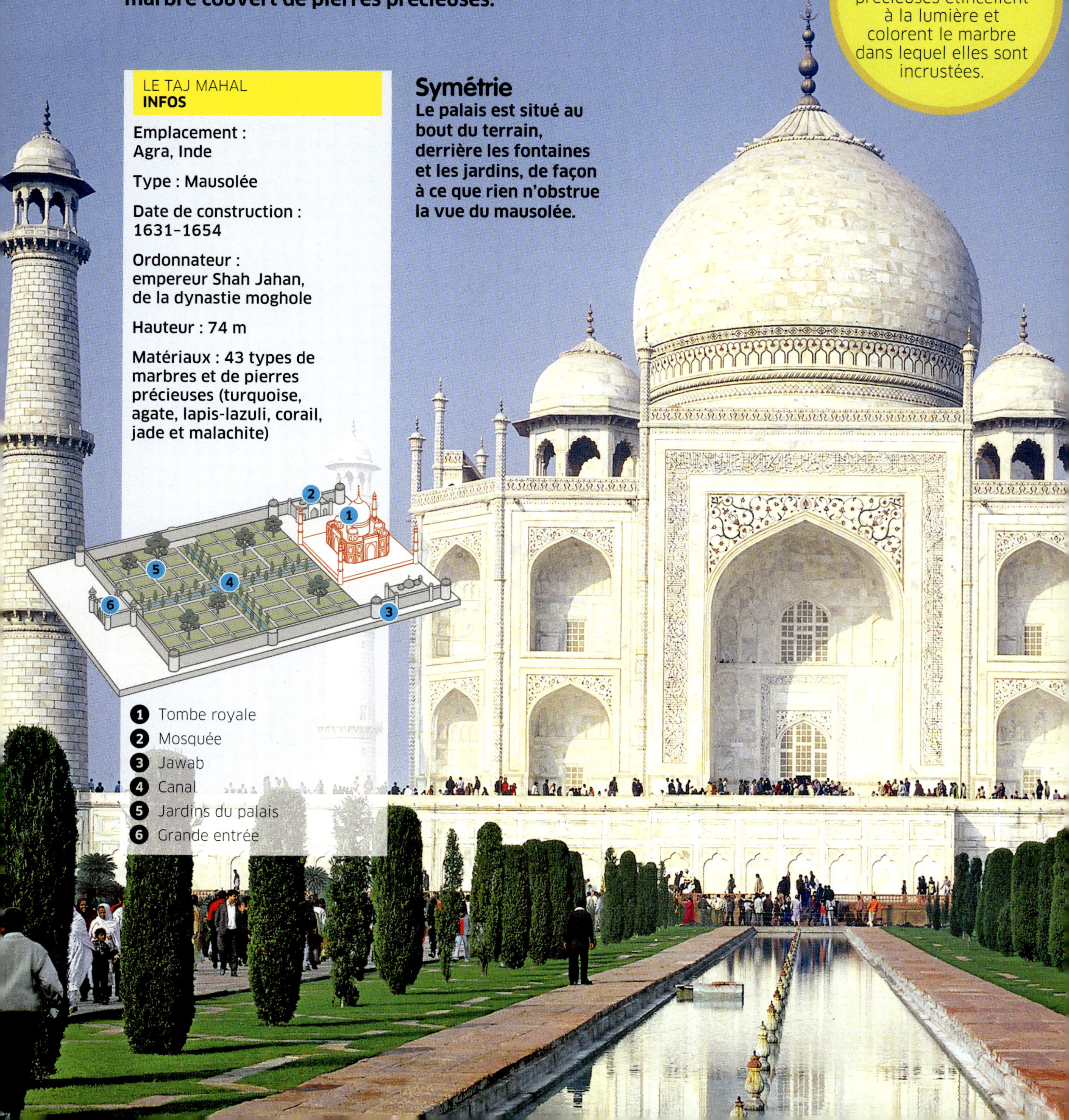

LA LUMIÈRE
Les pierres précieuses étincellent à la lumière et colorent le marbre dans lequel elles sont incrustées.

LE TAJ MAHAL
INFOS

Emplacement : Agra, Inde

Type : Mausolée

Date de construction : 1631-1654

Ordonnateur : empereur Shah Jahan, de la dynastie moghole

Hauteur : 74 m

Matériaux : 43 types de marbres et de pierres précieuses (turquoise, agate, lapis-lazuli, corail, jade et malachite)

1. Tombe royale
2. Mosquée
3. Jawab
4. Canal
5. Jardins du palais
6. Grande entrée

Symétrie

Le palais est situé au bout du terrain, derrière les fontaines et les jardins, de façon à ce que rien n'obstrue la vue du mausolée.

TAJ MAHAL **DÉTAILS**

Arches
Les arches de chaque porte confèrent de la profondeur au bâtiment et reflètent la lumière.

Treillis
Des grilles décorées entourent les tombes royales.

Frises
Des dessins et des versets du Coran servent de décorations.

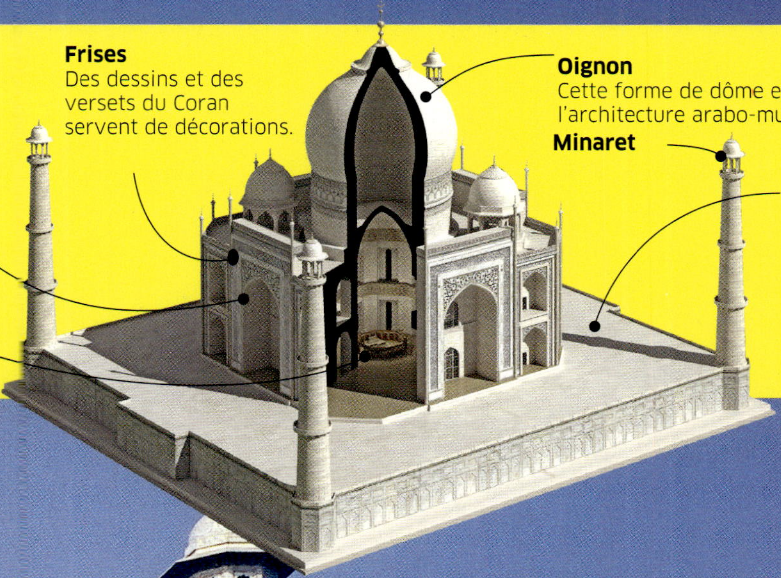

Oignon
Cette forme de dôme est typique de l'architecture arabo-musulmane.

Minaret

Socle
Le mausolée repose sur un socle, qui le rehausse et lui donne l'air plus imposant.

Les minarets

La tombe est entourée par quatre tours, chacune à un angle. L'appel à la prière des musulmans est lancée depuis ces minarets.

22

Nombre de petits dômes (un par année de travail).

Les Jardins

Les jardins sont divisés en 16 sections, avec de nombreux parterres de fleurs, des allées, des rangées d'arbres, des fontaines, des ruisseaux et des bassins (qui reflettent le palais).

DÉTAIL
LES TOMBES

Caractéristiques
Les tombes, en marbre et ornées de faux diamants, se trouvent dans le bâtiment principal. Elles sont décorées d'une couronne de lotus, qu'on retrouve sur chaque minaret.

Shah Jahan

Mumtaz Mahal

Chambre funéraire
Les tombes du couple se trouvent dans la salle centrale du mausolée.

PÉKIN

Capitale de la République populaire de Chine, Pékin est l'une des villes les plus densément peuplées au monde. Mélange d'ultra-modernité et de tradition, les gratte-ciels et les tours de bureaux côtoient les palais et les temples.

Dashalar
Vue de ce centre commercial très affairé, au sud de la place Tian'anmen.

Pays	Chine
Superficie	16 801 km²
Population	19 612 000
Densité	1 167 hab./km²

LIEUX ICONIQUES DE LA VILLE

Le Temple du Ciel
Ce temple rond est typique de l'architecture de la dynastie Ming. Chaque matin, des gens pratiquent le tai-chi-chuan et le qi gong au pied du temple.

La place Tian'anmen
Entourée de bâtiments publics, cette place (la troisième plus grande au monde) occupe le centre de Pékin. Elle a été le théâtre de nombreux événements dans l'histoire chinoise.

Le dragon
C'est un symbole de force et de puissance dans la culture chinoise.

LE SHOPPING
Dans cette avenue commerçante, les badauds peuvent tout trouver : bijoux, vêtements de marque, mais aussi rebouteux et remèdes traditionnels.

Porte de Dashalar

Dashalar est une avenue commerçante vieille de plus de 580 ans. L'effervescence de ce quartier donne une idée de ce à quoi ressemblait l'ancienne ville de Pékin.

Les transports

Bien que les cyclistes demeurent nombreux, la ville propose plusieurs modes de transports en commun : métro, train, bus et tram. À gauche : la gare centrale de Pékin.

Le stade national de Pékin

Construit pour les Jeux olympiques de 2008, il a été surnommé le « nid d'oiseau » (à cause de la forme de sa structure extérieure). Il mesure 330 m de long, 220 m de large et 69 m de haut.

LIEU D'EXPRESSION CULTURELLE

Le Centre national des arts du spectacle

Dessiné par Paul Andreu, il ressemble à un œuf coupé en deux. La lagune sur laquelle il repose le reflète pour en compléter l'ovale. On y donne des pièces de théâtre, des ballets et des opéras.

Opéra de Pékin
Vieux de deux siècles, c'est l'un des plus hauts lieux de la culture chinoise.

Population

En comptant sa banlieue, la population de Pékin devrait atteindre 20 millions d'habitants en 2020.

LA CITÉ INTERDITE

La construction de la Cité interdite à Pékin, en Chine, a commencé sous la dynastie des Ming, en 1406 et a duré 14 ans. Composée de près de 1 000 bâtiments, elle a abrité 24 empereurs.

Vue du musée Pékin, Chine

Les toits

Des dragons et des lions ailés en terre cuite protègent la Cité interdite des mauvais esprits.

LA CITÉ INTERDITE
INFOS

Date de construction : 1406–1420

Emplacement : Pékin, Chine

Caractéristiques : d'une surface de 720 000 m², la cité est entourée de douves profondes de 6 m et d'épais remparts résistants aux tirs de canons.

Encensoirs

De magnifiques brûle-parfums placés dans les palais et les jardins diffusaient lors des cérémonies des nuages de senteurs.

HAUTE SÉCURITÉ

Les défenses de la cité

En plus de ses remparts et de ses douves, des tours de gardes sont installées à chaque coin de la cité. Personne n'était autorisé à y entrer ou en sortir sans l'autorisation de l'empereur, d'où son nom de « Cité interdite ».

Ornements

La plupart des bâtiments étaient en bois. Leurs avant-toits étaient finement sculptés et comportaient de nombreuses décorations.

Harmonie parfaite

La Salle de l'Harmonie est parfaitement symétrique. Les empereurs s'y reposaient et recevaient les présents de leurs ministres. De grandes cérémonies s'y déroulaient.

9 000

Nombre de pièces de la Cité interdite.

AFRIQUE INTRODUCTION

Des déserts arides aux jungles luxuriantes, en passant par les pics enneigés du Kilimandjaro, l'Afrique, berceau de l'humanité, est un continent tout en grandeur et en diversité. Si la majeure partie du territoire souffre de la rareté de l'eau, le Nil arrose abondamment des plaines fertiles. Les savanes d'Afrique très sèches, très chaudes, abritent des hordes sauvages : buffles, éléphants, mais aussi babouins ou antilopes... et leurs prédateurs.

MADAGASCAR
L'ÎLE DE MADAGASCAR SE SITUE AU LARGE DU MOZAMBIQUE.
CE CÔNE VOLCANIQUE SE TROUVE PRÈS DU LAC ITASY.

AFRIQUE
CARTE PHYSIQUE

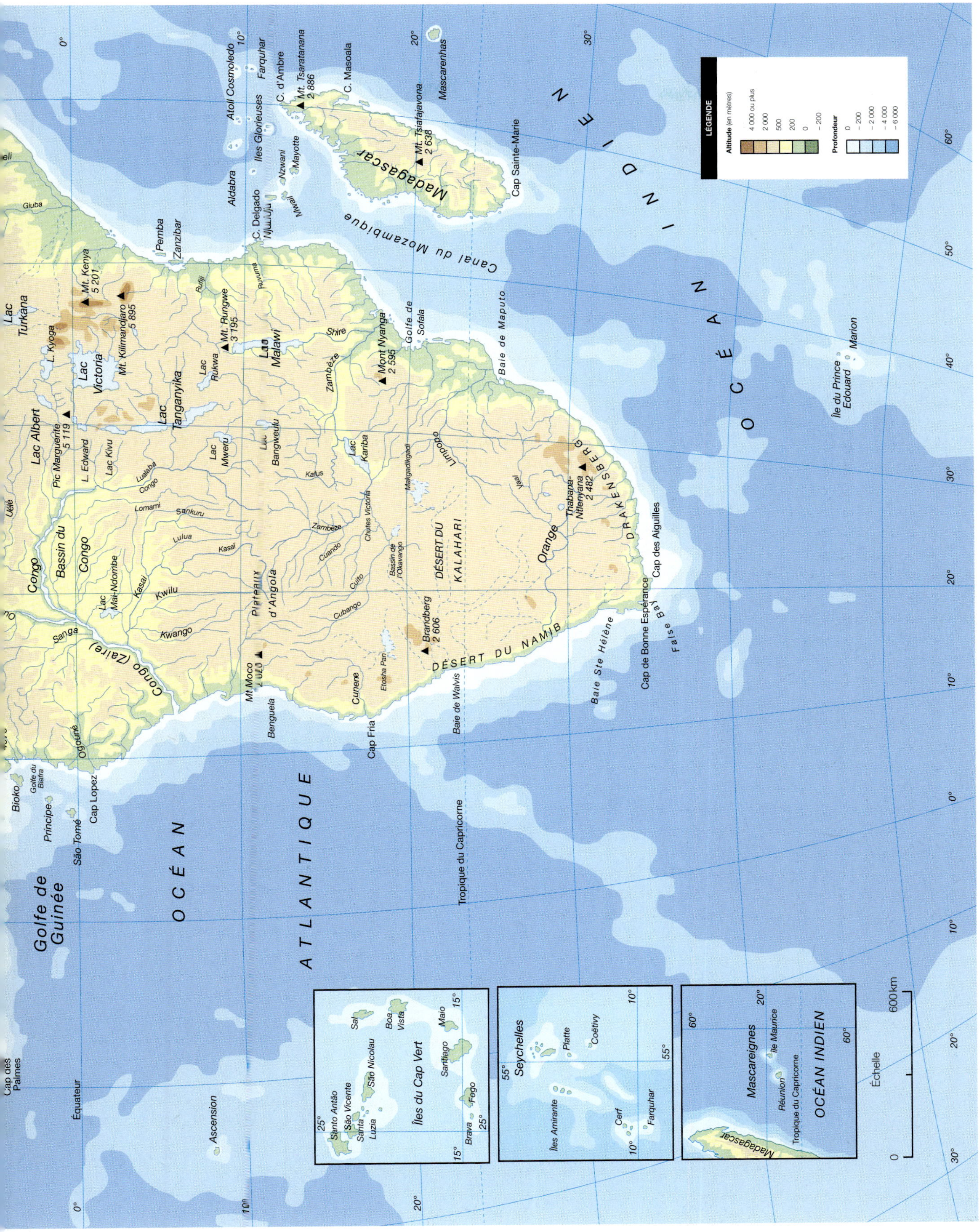
OCÉAN ATLANTIQUE
OCÉAN INDIEN
Golfe de Guinée
Golfe du Biafra
Bioko
Príncipe
São Tomé
Cap Lopez
Équateur
Cap des Palmes
Ascension
Ogooué
Congo (Zaïre)
Congo
Bassin du Congo
Sanga
Uélé
Lac Albert
Pic Marguerite 5 119
L. Edward
Lac Kivu
Lac Victoria
L. Kyoga
Lac Turkana
Giuba
Mt. Kenya 5 201
Mt. Kilimandjaro 5 895
Pemba
Zanzibar
Rufiji
Ruvuma
Mt. Rungwe 3 195
Lac Tanganyika
Lac Rukwa
Lac Malawi
Lac Mweru
Lac Bangweulu
Lualaba
Lomami
Sankuru
Lulua
Kasai
Kwilu
Lac Mai-Ndombe
Kwango
Plateaux d'Angola
Mt. Moco 2 620
Benguela
Cap Fria
Cunene
Etosha Pan
Cubango
Cuito
Cuando
Zambèze
Kafue
Chutes Victoria
Lac Kariba
Bassin de l'Okavango
Makgadikgadi
DÉSERT DU KALAHARI
DÉSERT DU NAMIB
Brandberg 2 606
Baie de Walvis
Tropique du Capricorne
Limpopo
Vaal
Orange
Thabana-Ntlenyana 2 482
DRAKENSBERG
Baie Ste Hélène
Cap de Bonne Espérance
False Bay
Cap des Aiguilles
Baie de Maputo
Mont Nyanga 2 595
Shire
Golfe de Sofala
Canal du Mozambique
C. Delgado
Aldabra
Atoll Cosmoledo
Îles Glorieuses
Farquhar
Mwali
Nzwani
Mayotte
C. d'Ambre
Mt. Tsaratanana 2 886
C. Masoala
Madagascar
Mt. Tsiafajavona 2 638
Cap Sainte-Marie
Mascarenhas
Île du Prince Édouard
Marion
LÉGENDE
Altitude (en mètres)
4 000 ou plus
2 000
500
200
0
– 200
Profondeur
0
– 200
– 2 000
– 4 000
– 6 000
Îles du Cap Vert
Santo Antão
São Vicente
Santa Luzia
São Nicolau
Sal
Boa Vista
Maio
Santiago
Fogo
Brava
Seychelles
Îles Amirante
Platte
Coëtivy
Cerf
Farquhar
Mascareignes
Île Maurice
Réunion
Tropique du Capricorne
OCÉAN INDIEN
Madagascar
Échelle
0
600 km
0°
10°
20°
30°
40°
50°
60°
15°
25°
55°

AFRIQUE
CARTE POLITIQUE

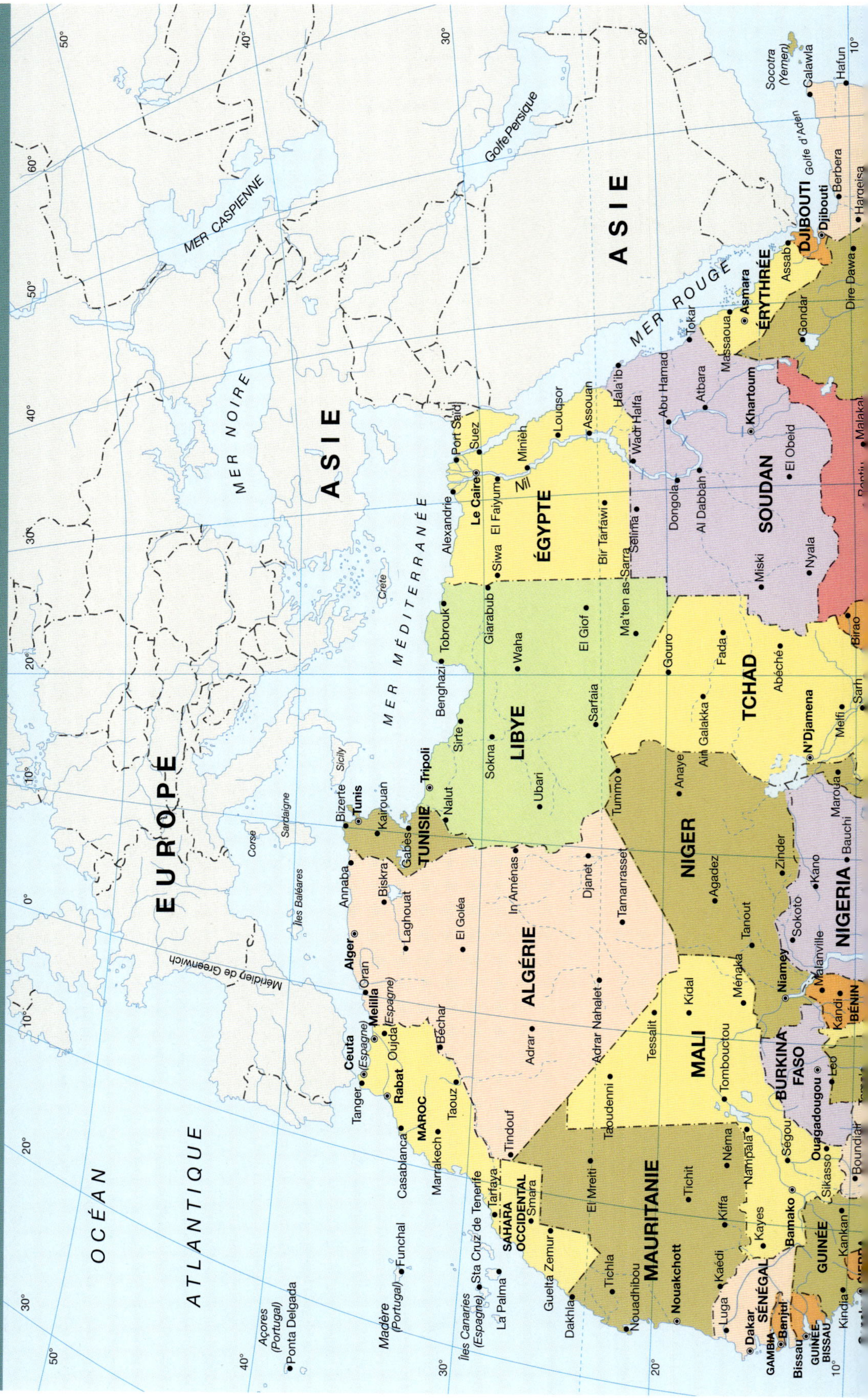

SOMALIE
Mogadiscio
KENYA
Nairobi
OUGANDA
Kampala
RWANDA
Kigali
BURUNDI
Bujumbura
TANZANIE
Dodoma
Dar es-Salaam
RÉPUBLIQUE DÉMOCRATIQUE DU CONGO
Kinshasa
CONGO
Brazzaville
GABON
Libreville
GUINÉE ÉQUATORIALE
Malabo
SÃO TOMÉ-ET-PRÍNCIPE
São Tomé
ANGOLA
Luanda
ZAMBIE
Lusaka
MALAWI
Lilongwe
MOZAMBIQUE
Maputo
ZIMBABWE
Harare
NAMIBIE
Windhoek
BOTSWANA
Gaborone
AFRIQUE DU SUD
Pretoria
Le Cap
LESOTHO
Maseru
SWAZILAND
Mbabane
MADAGASCAR
Antananarivo
COMORES
Moroni
SEYCHELLES
Réunion (France)
St-Denis
Golfe de Guinée
OCÉAN ATLANTIQUE
OCÉAN INDIEN
Canal du Mozambique
Équateur
Tropique du Capricorne
Î. Ascencion (R.-U.)
Îles du Prince Édouard (Afrique du sud)
CAP VERT
Archipel du Cap Vert
Praia
SEYCHELLES
Archipel des Seychelles
Victoria
MAURICE
Mascareignes
Port Louis
OCÉAN INDIEN
Échelle
0
600 km

MERVEILLES NATURELLES

Le paysage d'une grande partie de l'Afrique est composé de plateaux. Au nord, les montagnes de l'Atlas et à l'est, la vallée du grand rift qui traverse le continent du nord au sud.

Une caravane de chameaux traversant le Sahara.

SAHARA
LE PLUS GRAND DÉSERT

Température

Le Sahara s'étend sur plus de 9 millions de km², ce qui en fait la plus vaste étendue désertique du monde. Par endroits, les montagnes viennent agrémenter le paysage, comme dans le sud algérien, le massif du Hoggar, et ses sommets de plus de 3 000 mètres. Attention aux variations de température : si le jour on peut supporter 50 °C, le thermomètre redescend parfois à 0 °C la nuit !

TUNISIE – ALGERIE – MAROC
LES CHAÎNES DE MONTAGNES

Montagnes de l'Atlas

Avec des pics qui dépassent les 4 000 mètres, les montagnes de l'Atlas, dans le nord, abritent quelques uns des plus hauts sommets d'Afrique. Elles traversent trois pays, d'est en ouest, sur plus de 1 500 kilomètres.

ZAMBIE – ZIMBABWE
LE FLEUVE ZAMBÈZE

Barrage de Kariba

L'Afrique compte plus de 1 200 barrages. Comme le Kariba, ils ont souvent été conçus pour remédier à la sécheresse, mais leur construction a provoqué de sérieux dégâts sur les écosystèmes et a conduit à des déplacements massifs de populations.

DJIBOUTI – MOZAMBIQUE
FRACTURE GÉOLOGIQUE

Vallée du grand rift

Formée il y a 20 à 25 millions d'années lorsque la croûte terrestre s'est rompue le long d'une faille, la vallée du grand rift est l'un des paysages caractéristiques d'Afrique. Elle s'étend de l'ouest de l'Asie au sud-est de l'Afrique.

KÉNYA
MONTAGNES VOLCANIQUES

Les derniers glaciers

Il ne reste plus que trois ensembles de glaciers en Afrique, ceux du Kilimandjaro et du mont Kenya, sommets d'origine volcanique, et celui des monts Rwenzori. Tous trois sont menacés de disparition en raison de la rapidité du réchauffement climatique.

Un ancien volcan

Recouvert de glace durant des millénaires, le mont Kenya a subi une forte érosion sur ses flancs. Aujourd'hui, il est couvert par 11 petits glaciers.

Mont Kilimandjaro
Un sommet enneigé qui contraste avec le paysage environnant.

ZAMBIE – ZIMBABWE
LES CHUTES VICTORIA

Chutes grandioses

Situées à la frontière entre la Zambie et le Zimbabwe, les chutes Victoria ne sont ni les plus hautes, ni les plus larges au monde, mais ce sont sans doute les plus imposantes, avec 100 mètres de hauteur et 1 700 mètres de largeur. Le site des chutes Victoria est classé au Patrimoine mondial de l'Unesco.

SCHÉMA
LE CONTINENT AFRICAIN

Cette coupe transversale, du nord-ouest au sud-est, met en évidence les différences de relief sur le continent.

5 895 m
Altitude du Kilimandjaro, le point culminant de l'Afrique.

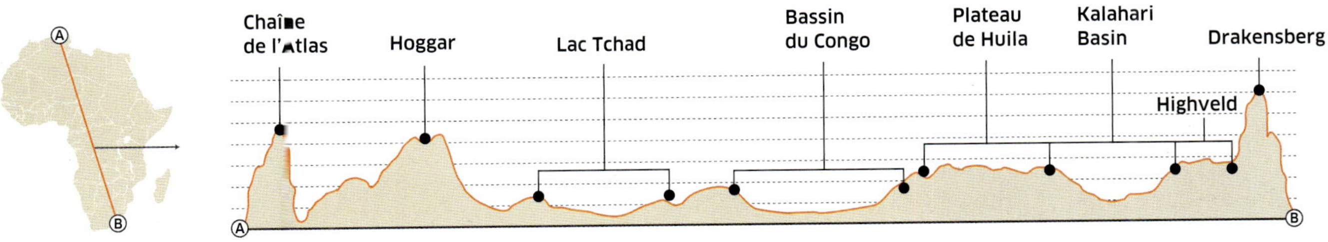

LE MONT KILIMANDJARO

La plus haute montagne d'Afrique est un immense volcan qui culmine à 5 895 mètres au-dessus du niveau de la mer. Bien que le Kilimandjaro se trouve à 330 kilomètres de l'Équateur, son sommet est couvert de glaciers. Le volcan n'est plus en activité depuis 200 ans.

Éléphant

Dans les plaines environnantes, on trouve des girafes, des buffles et des éléphants.

Glaciers

Les glaciers du Kilimandjaro fondent sous l'effet du réchauffement climatique et peut-être de l'activité du volcan.

Trois en un

Le Kilimandjaro a trois cratères : Kibo, Mawenzi et Shira. À l'Ouest, dans les Monts Monduli se trouvent le mont Méru et le cratère Ngurdoto.

Données techniques

Le Kilimandjaro est un stratovolcan, c'est-à-dire un volcan constitué par l'accumulation des coulées de lave, situé en Afrique de l'est, en Tanzanie.

1. **Système géologique :** la vallée du grand rift qui traverse la région du nord au sud.
2. **Écosystèmes environnants :** forêts et prairies.
3. **Point culminant :** cratère Kibo, 5 895 m.

40 000
Nombre annuel de visiteurs du Parc national du Kilimandjaro.

Sommets enneigés
Vue aérienne du Kilimandjaro.

AU PIED DU VOLCAN
VIVRE PRÈS DU KILIMANDJARO

POPULATIONS
PLUSIEURS GROUPES ETHNIQUES

Vie quotidienne

Les Chagga, les Massaï et les Hadza sont les trois principales ethnies du Kilimandjaro.
Le peuple des Chagga vit de l'agriculture : ils cultivent la banane, l'igname (un type de tubercule), le haricot et le maïs. Les Masaï – un peuple semi-nomade – vivent dans les plaines du nord de la Tanzanie. Ils élèvent bovins, ovins et caprins. Quant aux Hadza (à droite), ils ne pratiquent ni l'élevage ni la culture, mais la cueillette, tout comme leurs ancêtres, il y a 10 000 ans.

ITINÉRAIRES D'ASCENSION

Alpinisme et nature

Pour atteindre le sommet du Kilimandjaro, inutile d'avoir une expérience particulière de l'alpinisme, mais il faut absolument être en bonne forme physique et en bonne santé. La plupart des alpinistes qui s'y attaquent font appel à un guide local. L'altitude est sans doute la plus grande difficulté car elle provoque maux de tête et difficultés respiratoires. Un grimpeur sur trois renonce avant d'atteindre le sommet. Pour y parvenir, il y a différentes routes dont Rongai, Machame et Marangu, la plus empruntée.

LE NIL

Fleuve mythique, le Nil est le plus long cours d'eau d'Afrique et du monde (l'Amazone, en Amérique du Sud, est fleuve avec le plus gros débit). Sur son parcours, le Nil rend habitables les zones désertiques qu'il arrose. C'est sur ses rives qu'est née l'une des civilisations historiques les plus importantes, celle de l'Égypte ancienne.

ONZE PAYS
LE COURS DU FLEUVE

Sans frontières

Le Nil traverse 11 pays : l'Égypte, le Soudan, le Soudan du Sud, la République démocratique du Congo, le Rwanda, l'Ouganda, la Tanzanie, le Kenya, l'Éthiopie, le Burundi et l'Érythrée. Il parcourt déserts, forêts, savane, marais et montagnes. Le delta du Nil est l'un des plus grands au monde et les populations se massent sur les terres fertiles qui le bordent.

Le point de rencontre

À Khartoum, capitale du Soudan, le Nil Blanc, qui prend sa source en Ouganda rencontre le Nil Bleu, qui vient d'Éthiopie. Ces deux branches initiales se rejoignent pour former le Nil.

DÉNIVELÉ
L'embouchure du Nil est située 2 000 m plus bas que sa source.

95 %
Pourcentage d'Égyptiens qui vivent dans le bassin du Nil.

6 695 km
Longueur du Nil.

Image satellite du Nil
Son immense delta se jette dans la Méditerranée.

BARRAGES
DIGUES ET RÉSERVOIRS

Impact écologique

Depuis la fin du XIXe siècle, de nombreux barrages ont été érigés sur le Nil, ce qui a eu de graves conséquences sur l'environnement. Ainsi le haut barrage d'Assouan, construit entre 1960 et 1970, conçu pour fournir en permanence de l'eau et produire de l'énergie hydroélectrique. Sa construction a fait disparaître plusieurs espèces d'animaux d'eau douce, le niveau de sel dans l'eau du Delta ayant considérablement augmenté.

Crocodile

Le crocodile du Nil est un prédateur puissant, capable de tuer un homme.

Monuments

Sur les rives du Nil, se trouvent de superbes sites égyptiens : Louxor, la vallée des rois et les pyramides de Gizeh.

FAUNE ET FLORE

En Afrique, les précipitations sont très irrégulières et la sècheresse frappe de nombreuses régions. C'est un fléau pour les populations humaines, mais l'homme est lui-même une menace pour de nombreuses espèces animales, comme le gorille ou le rhinocéros.

Parc national de la Comoé
Ce parc se trouve au nord-est de la Côte d'Ivoire.

ÎLE DE MADAGASCAR
UNE GRANDE VARIÉTÉ D'ESPÈCES

Le fossa

Dans les forêts de Madagascar, on trouve un mammifère de 80 à 90 cm de long, qui peut peser jusqu'à 10 kilos : le fossa. Agile, rapide, il rattrape facilement ses proies, des lémuriens ou des oiseaux.

Aiguilles de pierre

À Madagascar, réserve naturelle de Tsingy abrite de nombreuses espèces végétales et animales, notamment des lémuriens. L'endroit est surtout réputé pour ses rochers tranchants en forme d'aiguilles.

Gorille

La chasse, la déforestation et l'exploitation minière menacent les gorilles dans les forêts, du Cameroun à la République démocratique du Congo.

Lémurien

Le maki catta à la queue annelée se nourrit de racines, de fruits et d'insectes. Il n'existe à l'état sauvage qu'à Madagascar.

Les zèbres
Trois espèces différentes de zèbres vivent en Afrique.

Baobab

« L'arbre à l'envers » ou baobab pousse dans les régions semi-arides de l'Afrique sub-saharienne. Les baobabs peuvent stocker jusqu'à 100 000 litres d'eau. Les Africains utilisent les fibres de l'écorce pour fabriquer de la corde et des paniers. Les feuilles et les fruits (très riches en vitamine C) sont comestibles.

DÉSERT
TYPES DE VÉGÉTATION

Palmiers

La végétation des déserts d'Afrique (arbustes, herbes, plantes épineuses...) est rare, mais autour des oasis prospèrent des céréales et les palmiers dattiers. Ces derniers sont particulièrement utiles aux habitants du désert. Outre leurs fruits comestibles, leurs feuilles servent à s'ombrager et à fabriquer des meubles, des nattes (tapis) et les paniers.

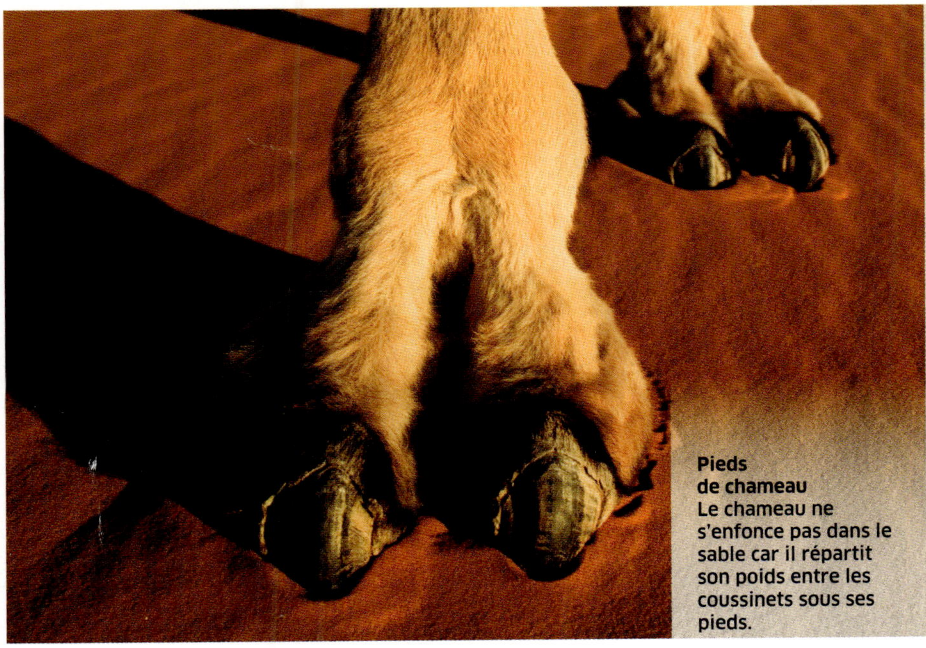

Pieds de chameau
Le chameau ne s'enfonce pas dans le sable car il répartit son poids entre les coussinets sous ses pieds.

MAMMIFÈRES RESISTANTS

Maître du désert

Les chameaux servent à porter des charges à travers le désert, ainsi que pour les travaux agricoles. On les élève aussi pour leur laine, leur viande et leur peau.

LE DELTA DE L'OKAVANGO

Cet environnement naturel extraordinaire occupe 6 millions d'hectares et présente une riche biodiversité. Après les pluies d'été, le débit de la rivière Okavango (Botswana) augmente très fortement. Le fleuve se jette dans l'une des régions les plus arides du monde : le désert du Kalahari.

16 800 km²

Surface du delta de l'Okavango.

RECYCLAGE
Le fumier d'hippopotame nourrit les plantes aquatiques, qui sont ensuite absorbées par les poissons, les oiseaux et les crocodiles.

ANTILOPE DES MARAIS
L'antilope sitatunga a des sabots largement écartés, adaptés pour se déplacer sur un sol meuble.

VIE AMPHIBIE
Les marécages abritent beaucoup de végétaux et d'animaux : mammifères, reptiles, amphibiens, poissons et insectes. Tous montrent des adaptations au milieu aquatique. Par exemple, les crocodiles ont les narines, les yeux et les oreilles sur le dessus de la tête ; ils peuvent respirer, voir et entendre sans sortir de l'eau. Les hippopotames peuvent fermer leurs narines et ralentir leur rythme cardiaque pour rester sous l'eau pendant une demi-heure.

UN GÉANT
DANS L'OKAVANGO

Les éléphants à l'état sauvage

Le delta de l'Okavango abrite environ 30 000 éléphants, regroupés en grands troupeaux de femelles et d'éléphanteaux. Leur passage est généralement facile à repérer, grâce aux troncs d'arbres dont ils ont arraché l'écorce et qu'ils laissent derrière eux. Ils passent beaucoup de temps à se baigner et à s'asperger de boue.

LES PLANTES AQUATIQUES
EXEMPLES

Les papyrus

Dans les marécages, les plantes poussent complètement ou en partie sous l'eau, comme les papyrus et les nénuphars. Les oiseaux aquatiques se promènent souvent sur ces plantes à la recherche de nourriture.

Crocodiles

Le crocodile du Nil est le plus grand d'Afrique. Il se nourrit de poissons, d'antilopes, de zèbres, de buffles et d'oiseaux.

LA SAVANE AFRICAINE

Cette grande prairie est la plus étendue au monde. Contrairement aux prairies d'Amérique du nord, la savane africaine peut être ponctuée d'arbres (comme les acacias et les baobabs). La grande faune d'Afrique s'épanouit dans cet environnement.

HERBIVORES ET PRÉDATEURS
De nombreux animaux herbivores (qui se nourrissent d'herbe et de plantes) vivent dans la savane : buffles, zèbres, gnous, éléphants, rhinocéros, girafes... Leurs prédateurs sont les lions, les léopards, les guépards et les aigles. On trouve également plusieurs espèces de vautours (des charognards).

SOCIÉTÉ DE TERMITES
Les termites sont des insectes sociaux comme les abeilles et les fourmis. Organisés en colonies, ils bâtissent de grands nids à partir de leurs excréments (riches en sciure de bois). À l'intérieur du monticule, un labyrinthe de tunnels assure une circulation d'air frais et empêche les prédateurs d'entrer.

ACACIA
Les girafes se nourrissent du feuillage des acacias. Leur bois est particulièrement solide.

ANIMAUX
LES CHAROGNARDS

Hyènes

La hyène tachetée vit en Afrique sub-saharienne (du Sénégal et des sources du Nil à la pointe sud du continent). Reconnaissable à sa morphologie particulière, elle se nourrit des carcasses des proies des autres prédateurs, avec les vautours et les chacals. Les hyènes sont aussi de redoutables chasseurs. Dotées de puissantes mâchoires, elles chassent en meute, ce qui leur permet de s'en prendre à des animaux plus grands qu'elles, comme les zèbres, les girafes et les gnous.

Informations

Taille :	70-90 cm
Poids :	40-70 kg
Temps de gestation :	110 jours
Nombre de petits par portée :	2

Les vautours

Ces charognards sont reconnaissables à leurs têtes chauves. Cette calvitie leur permet d'inspecter les carcasses sans que leurs plumes ne deviennent des nids à parasites et à maladies. Leurs ailes peuvent atteindre 2,5 mètres d'envergure. Ils sont capables de planer dans le ciel en utilisant les courants ascendants, à la recherche de charognes.

Informations

Taille :	95-110 cm
Poids :	jusqu'à 8,5 kg
Temps d'incubation :	55 jours

POPULATION

En Afrique, les populations se répartissent en fonction des ressources naturelles de chaque région. Par exemple, il y a une forte proportion d'habitants sur les côtes fertiles au nord et à l'ouest du Nigeria, dans la vallée du Nil et sur le plateau oriental. Depuis quelques dizaines d'années, de nombreuses personnes ont quitté les campagnes pour les villes.

Le Cap
Étalement urbain du Cap sur la côte montagneuse de l'Afrique du Sud.

CROISSANCE RAPIDE

Les enfants nigérians

La population africaine augmente vite, en moyenne de 2,3 % par an. Lagos, au Nigéria est l'une des villes les plus peuplées d'Afrique.

Dakar

Le site de l'actuelle capitale du Sénégal, Dakar, a été colonisé par les Européens au XVe siècle. Le port se trouve à un endroit stratégique pour le commerce maritime avec l'Amérique et l'Europe. Aujourd'hui, il est l'un des ports marchands les plus actifs au monde pour les produits chimiques et alimentaires en provenance du Mali et de la Mauritanie.

ÉGYPTE
LE CAIRE

Une ville importante

La capitale égyptienne est située sur les rives et les îles du Nil. La ville dispose de théâtres, d'universités et de musées. Peu d'endroits mêlent le passé et le présent comme Le Caire. Dans la rue, il n'est pas rare de voir une charrette tirée par des ânes à côté d'une voiture de luxe. Les marchés sont bondés et les sonneries de téléphones portables et les appels à la prière participent à l'agitation ambiante.

AFRIQUE DU SUD
JOHANNESBURG

Un centre économique et financier

Johannesburg est la plus grande ville d'Afrique du Sud, un des pays les plus riches du continent africain grâce à l'exploitation de mines d'or, de diamants et de platine. 3 millions de personnes habitent le centre ville de Johannesburg, mais, avec sa banlieue, la ville compte plus de 7 millions d'habitants, en majorité noirs (73 %).

Kampala Une rue dans la vieille ville.

OUGANDA
KAMPALA

Le VIH et la malnutrition

Capitale de l'Ouganda, Kampala compte 1,6 millions d'habitants. Le pourcentage de la population atteinte par le VIH est l'un des plus élevé au monde, ce qui appauvrit les familles et rend plus fréquents les cas de malnutrition et d'enfants orphelins.

Vendeur ambulant En Ouganda, plus de la moitié de la population a moins de 15 ans.

MAROC
MARRAKECH

Centre d'échanges commerciaux

Fondée en 1062 par les Arabes, Marrakech est devenue un important lieu pour les échanges commerciaux avec le reste de l'Afrique. Point de départ et d'arrivée pour les marchands, elle a très vite attiré les entrepreneurs et les artisans. Aujourd'hui, la ville est célèbre pour son marché, où on trouve de tout, du plus traditionnel au plus moderne.

PEUPLES ET LANGUES

Parmi plus de 3 000 peuples qui composent l'Afrique, beaucoup ont su conserve leur identité propre en conservant leur langue. Aujourd'hui, plus de 2 000 langues ou dialectes sont parlés en Afrique, dont des langues européennes héritées de la période coloniale.

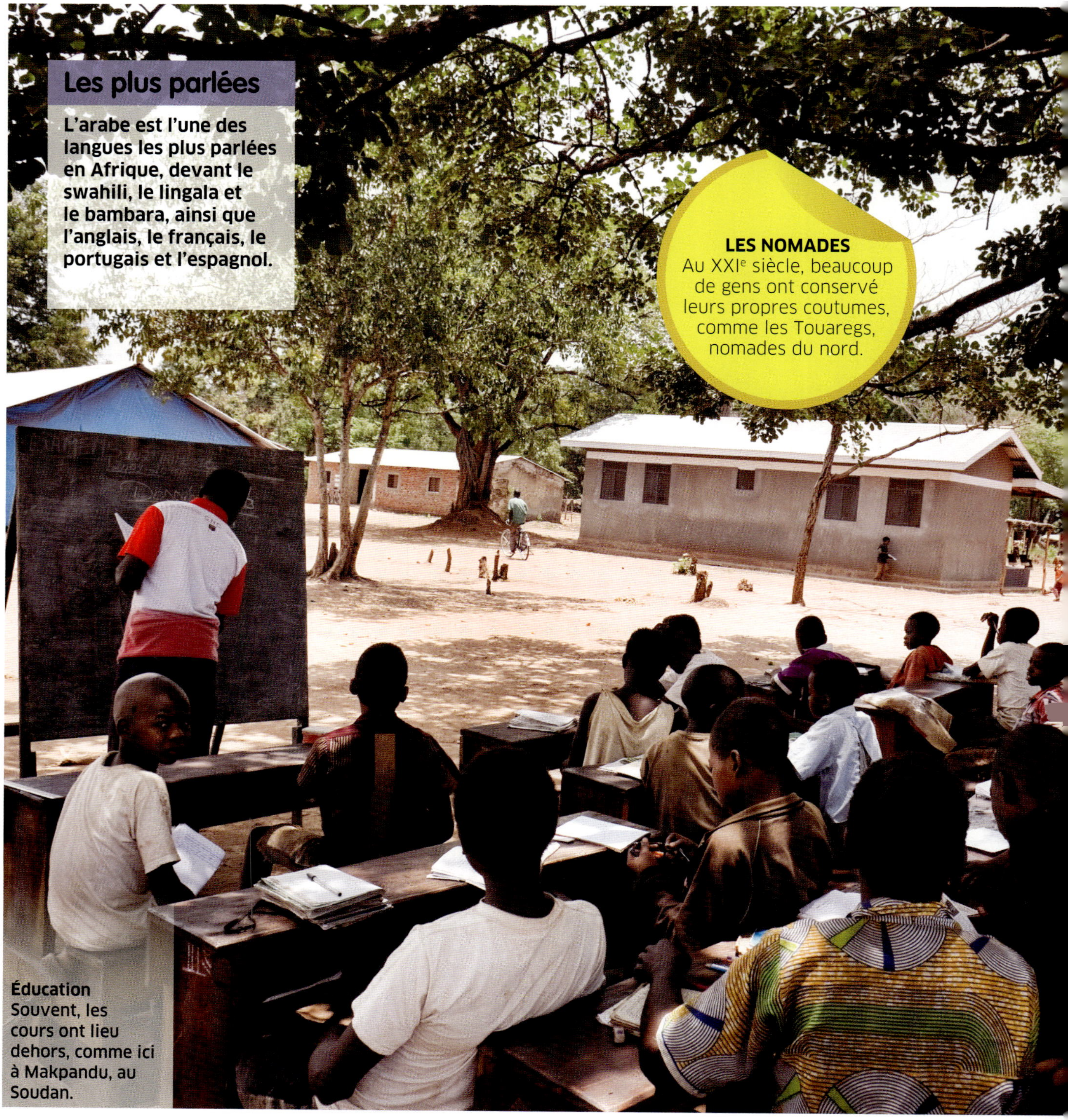

Les plus parlées

L'arabe est l'une des langues les plus parlées en Afrique, devant le swahili, le lingala et le bambara, ainsi que l'anglais, le français, le portugais et l'espagnol.

LES NOMADES
Au XXIe siècle, beaucoup de gens ont conservé leurs propres coutumes, comme les Touaregs, nomades du nord.

Éducation
Souvent, les cours ont lieu dehors, comme ici à Makpandu, au Soudan.

Le papyrus

Le papyrus qui pousse dans la vallée du Nil a été utilisé par les Égyptiens pour fabriquer du papier. Cette invention marqua le début de l'histoire écrite.

Musulmans

Après leurs conquêtes au VIIe siècle, les Arabes ont introduit l'Islam dans les territoires d'Afrique du Nord.

QUESTIONS CULTURELLES
DIFFERENTES HISTOIRES

Quatre groupes

Les experts ont divisé les nombreuses langues africaines en quatre grandes familles :

1. **Afro-asiatiques (arabe, berbère)**
2. **Nigéro-congolaises (bantous...)**
3. **Nilo-sahariennes (four, songhaï)**
4. **Khoïsan (Kūn, san)**

Religions

Il y a une grande variété de religions sur le continent.

Souvent, une religion mêle deux ou plusieurs cultes différents, par exemple :

1. **Animisme**
2. **Polythéisme**
3. **Islam**
4. **Christianisme**

Grands royaumes

Beaucoup de civilisations différentes formée de puissants royaumes ont prospéré sur le continent, par exemple :

1. **Égypte (3000-332 av. J.-C.)**
2. **Ghana (800-1235)**
3. **Mali (1200-1600)**
4. **Bénin (1500-1600)**
5. **Califats arabes du nord (641-1171)**

La colonisation européenne

De 1884 à 1885, les puissances européennes ont colonisé le continent africain et se le sont partagé. Bien que l'Espagne, l'Allemagne et la Belgique ont leurs propres colonies, les principaux empires coloniaux en Afrique étaient :

1. **France**
2. **Grande-Bretagne**
3. **Portugal**

DIVERSITÉ
TRIBUS AFRICAINES

CAMEROUN – CONGO – ANGOLA
BANTOUS

Villageois

Ces Africain de l'Ouest parlent les langues bantoues et ont conservé leurs coutumes traditionnelles et leur économie fondée sur l'agriculture.

CONGO
PYGMÉES

Chasseurs-cueilleurs

D'importantes populations de Pygmées, caractérisées par leur petite taille, se trouvent dans les zones forestières du Congo. Ils vivent de la chasse et de la cueillette.

KENYA – TANZANIE
MASSAÏ

Semi-nomades

La vie des Massaï est rythmée par l'élevage du bétail (moutons, chèvres). Ils sont environ 900 000 en Afrique.

DÉSERTS
BÉDOUINS

Éleveurs nomades

Les Bédouins d'Afrique du Nord sont musulmans et parlent plusieurs dialectes arabes.

LE PEUPLE SAN

Les San, ou Bushmen, forment un peuple autochtone de l'Afrique australe. À l'origine, ils ont habité les territoires de l'Afrique du Sud, du Zimbabwe, du Lesotho, de Mozambique, du Swaziland, du Botswana, de Namibie et d'Angola. Ces gens étaient traditionnellement des chasseurs-cueilleurs, mais aujourd'hui leur tribu disparaît progressivement. Leur principal lieu de vie actuel est le désert du Kalahari.

NOTRE PASSÉ
CE QUE NOUS ENSEIGNE LA SCIENCE

Afrique : le point de départ

Selon des études génétiques modernes, les San sont la tribu la plus ancienne. Il s'agirait de l'une des tribus originelles à partir desquelles les autres tribus ont évolué. Les San sont généralement de petite taille, présentent une peau claire et des cheveux bouclés. Un membre typique de la tribu San possède une épaisse couche de peau au-dessus des yeux, appelé le pli épicanthique, qui est aussi caractéristique des peuples de l'Orient.

UTILISER LE SON POUR COMMUNIQUER

Particularité

La langue parlée par les San se caractérise par ses claquements, une particularité existant également dans d'autres langues des anciennes tribus africaines.

Leurs tenues

Les hommes San portent un pagne triangulaire, avec la pointe passée entre les jambes. Les femmes portent un carré de tissu suspendu (un « tablier ») devant leur ceinture. Elles portent également une cape sur leurs épaules.

Désert du Kalahari

Les San habitent le désert du Kalahari. Ils tirent leur nourriture de la chasse et de la cueillette. Certains San sont employés comme bergers.

Maison

Les abris San sont construits par les femmes partout où il y a de la végétation. Lorsque la nourriture vient à manquer, le groupe se déplace vers une autre zone.

Chasseurs

Les hommes San chassent seuls ou avec leurs enfants, au moyen d'arcs. Leurs flèches sont trempées dans un poison provenant de serpents venimeux.

Désert du Kalahari
Enfants San et une femme assis autour d'un feu de camp.

Une tradition du feu

Le peuple San allument traditionnellement le feu en frottant un bâton sur du bois tendre.

Maisons

Les abris San sont construits par les femmes partout où il ya de la végétation. Lorsque la nourriture vient à manquer, le groupe se déplace vers une autre zone.

Art

Les peintures rupestres San sont parmi les plus anciennes du monde. Elles racontent souvent une histoire de chasse. Cet exemple (à gauche) se trouve dans une grotte de Murewa au Zimbabwe.

RESSOURCES ÉCONOMIQUES

En Afrique, les ressources naturelles présentent un immense potentiel de richesse. Le continent dispose des plus importantes ressources en pierres et métaux précieux du monde. L'Afrique du Sud possède certaines des sociétés et les industries les plus riches du continent.

Marché de Marrakech Chaque jour, des milliers de personnes se rendent à ce marché.

ART
MULTIPLES TRADITIONS

Caractéristiques

En raison de traditions très différentes, l'art africain reflète la diversité de son patrimoine culturel. Il comprend notemment des sculptures en bois, des masques et des objets artisanaux en métal.

Lampe
Une lampe traditionnelle nord-africaine en laiton et verre teinté.

KENYA
AGRICULTURE

Subsistance et exportation

Il existe deux types d'agriculture sur le continent africain. Le premier est appelé agriculture de subsistance. Ici, un agriculteur travaille de petites superficies, fournissant juste assez de nourriture pour l'agriculteur et sa famille proche.

Le second type d'agriculture est à grande échelle, à des fins d'exportation. Ce type d'agriculture occupe près de 40 % des terres cultivables. Les grandes plantations, souvent détenues par des sociétés étrangères. Les cultures les plus cultivées sont le cacao, les bananes, le café et le thé.

Un cueilleur de thé au Kenya.

TOURISME
SAFARIS

Les plus visités

Le tourisme offre une source de revenus très importante au continent. Beaucoup de visiteurs viennent au Kenya et en Tanzanie afin d'observer la faune africaine dans son habitat naturel.

Au Sahara Les chèvres constituent une source de nourriture dans les zones désertiques.

RICHESSES
PÊCHE

Consommation d'aliments locaux

L'Afrique possède de riches réserves de poissons. Il s'agit d'une bonne source de nourriture. La plupart des poissons pêchés est consommée localement. Seuls le Maroc, le Sénégal, Côte-d'Ivoire, Afrique du Sud et la Namibie sont assez riches pour exporter leur pêche. La région des Grands Lacs une incroyable diversité de poissons d'eau douce. Des pays comme la Tanzanie, l'Ouganda, le Kenya et le Nigeria pêchent des poissons d'eau douce.

EXPLOITATION DES RESSOURCES
FORÊTS

La production de bois

Ces dernières années, les forêts africaines ont été mises en danger par la surexploitation. Les zones de forêt situées près des ports ou des grands marchés ont été les plus concernées. En République Centrafricaine, par exemple, entre 15 et 18 espèces d'arbres ont disparu,18 à 20 en République démocratique du Congo. De nombreux groupes environnementaux craignent que cette déforestation détruise l'habitat naturel d'espèces menacées comme le gorille.

Un bûcheron débitant un tronc à la tronçonneuse.

DES EFFECTIFS INÉGAUX
DIFFÉRENTES OPPORTUNITÉS

Les femmes paysannes

Environ 70 % des travaux agricoles dans la région sont réalisés par les femmes. Cependant, la plupart des revenus de l'agriculture sont contrôlés par les hommes. Cette tradition illustre les grandes inégalités entre hommes et femmes.

LE CAIRE

Baigné par le Nil, Le Caire est la plus grande ville du monde arabe et en Afrique. Riche en monuments antiques, des théâtres et des musées, le centre historique a été déclaré Patrimoine de l'Humanité par l'Unesco.

Pays	Égypte
Superficie	453 km^2
Population	7 010 000
Densité	15 475 hab./km^2

EMBLÈMES DE LA VILLE

La Mosquée d'Albâtre

Construite entre 1830 et 1848, cette mosquée se compose d'une coupole principale, entourée de quatre autres, et dispose de deux minarets identiques qui se dressent à 82 mètres de hauteur. Ci-dessous, vous pouvez voir la façade et l'intérieur du bâtiment.

La Tour du Caire

Située dans le quartier de Zamalek, cette tour de télévision est haute de 187 mètres. Au 14e étage il y a un restaurant tournant.

Mosquée d'Al-Azhar

Cette mosquée a été construite il y a près de 1 040 ans. Son nom signifie « la plus belle ».

Madrasa al-Taybarsiyya

Conçue à l'origine pour compléter la mosquée d'Al-Azhar, la madrasa al-Taybarsiyya a été construite en 1309. Elle abrite le tombeau du prince Taybars Amir Prince.

Mosquée d'Al-Azhar
La mosquée se trouve dans le centre historique du Caire.

Échoppes

Le souk du Caire est un labyrinthe de ruelles et de petites boutiques remplies de marchandises de toutes sortes, comme des chaussons, des écharpes, des narguilés, des épices ou des bijoux.

Le musée national égyptien

Ce musée abrite la plus grande collection d'objets de l'Égypte ancienne et compte plus de 120 000 pièces. Il accueille 2,5 millions visiteurs par an.

Minaret Qaitbay

Construite en 1483, cette tour cylindrique présente trois balcons et panneaux arqués.

MILLE MINARETS
Le Caire est connue comme la ville aux « mille minarets », qui se réfère au nombre de mosquées dans la ville.

Sucreries

Les pâtissiers égyptiens sont célèbres pour leurs sucreries délicates, faites d'amandes, de miel, de céréales et de grits (un type de maïs).

Religion

La majorité de la population de la ville est musulmane. Ces filles portent le voile musulman traditionnel.

Démographie

La habitants sont pour la plupart descendants des Égyptiens, des Arabes, des Berbères et des Bédouins.

LES PYRAMIDES DE GIZEH

En face de la ville du Caire, de l'autre côté du Nil, les puissantes pyramides de Gizeh s'élèvent majestueusement. Construites il y a 4 500 ans, les pyramides abritent les tombeaux des pharaons Khéops, Khéphren et Mykérinos. Ils constituent le plus grand symbole de la culture de l'Égypte ancienne.

CARTE DU SITE

Emplacement

La vallée abrite les trois plus célèbres pyramides égyptiennes : Khéops, le fils de Khéops, Khéphren et Mykérinos. La carte ci-dessous montre comment le complexe a été aménagé.

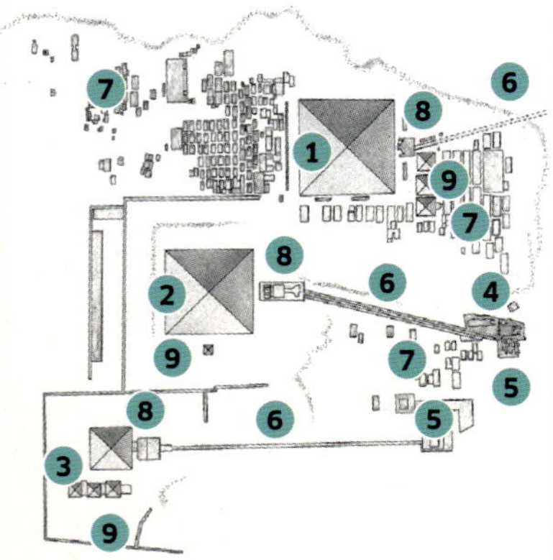

1. **Pyramide de Khéops**
2. **Pyramide de Khéphren**
3. **Pyramide de Mykérinos**
4. **Grand Sphinx**
5. **Grand Temple**
6. **Itinéraire de la procession**
7. **Tombeau d'un dignitaire**
8. **Temple mortuaire**
9. **Pyramide secondaire**

Le Grand Sphinx Sculpté dans un seul rocher, il a le corps d'un lion et le visage d'un humain.

2 521 000 m³

Volume total de la pyramide de Khéops.

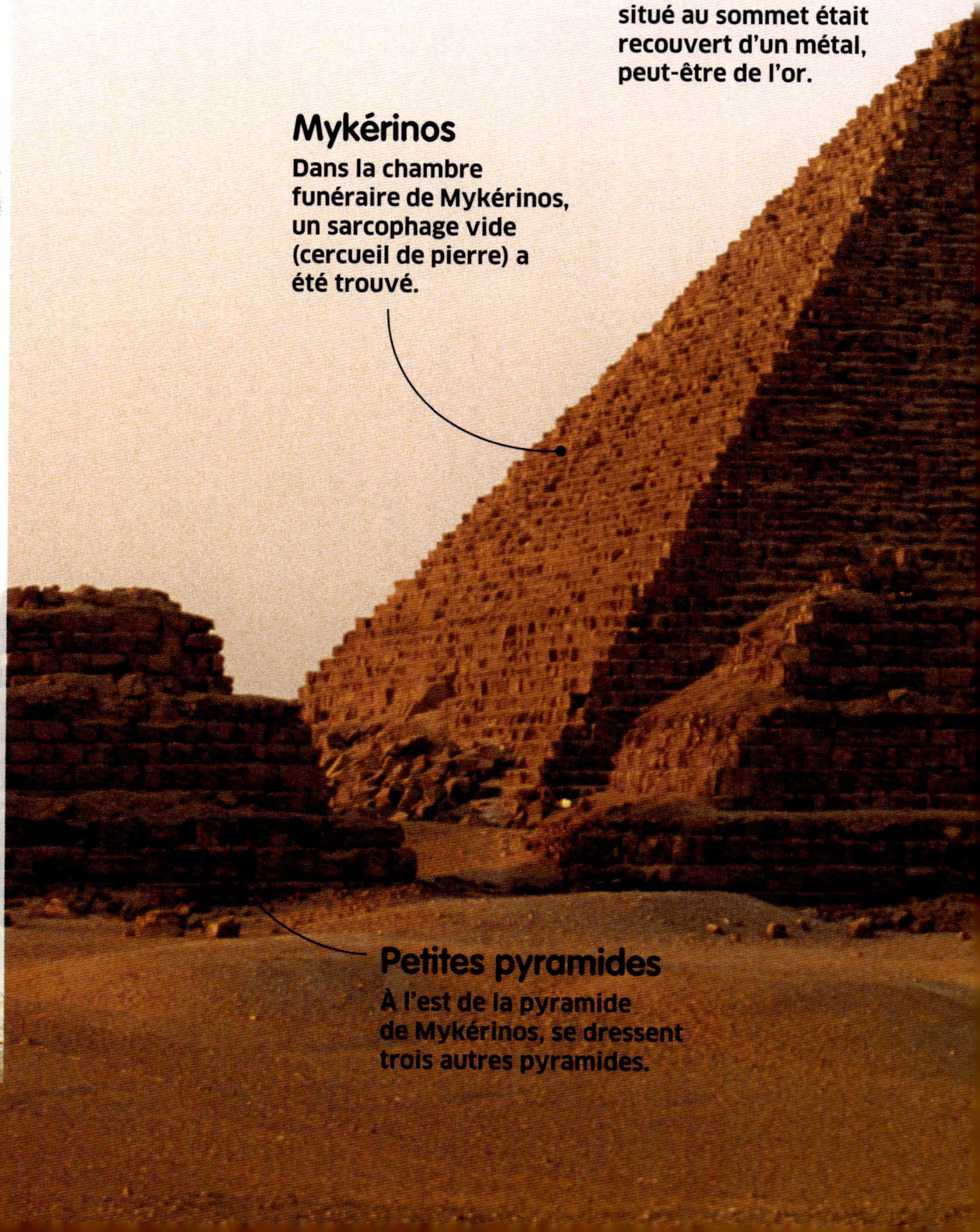

Sommet en or

Le calcaire blanc situé au sommet était recouvert d'un métal, peut-être de l'or.

Mykérinos

Dans la chambre funéraire de Mykérinos, un sarcophage vide (cercueil de pierre) a été trouvé.

Petites pyramides

À l'est de la pyramide de Mykérinos, se dressent trois autres pyramides.

TECHNIQUES DE CONSTRUCTION

Système de rampes

Personne ne sait vraiment comment les pyramides ont été construites, mais on pense que de gros blocs de pierre ont été chargés à l'aide d'un système complexe de rampes.

Systèmes de rampes possibles

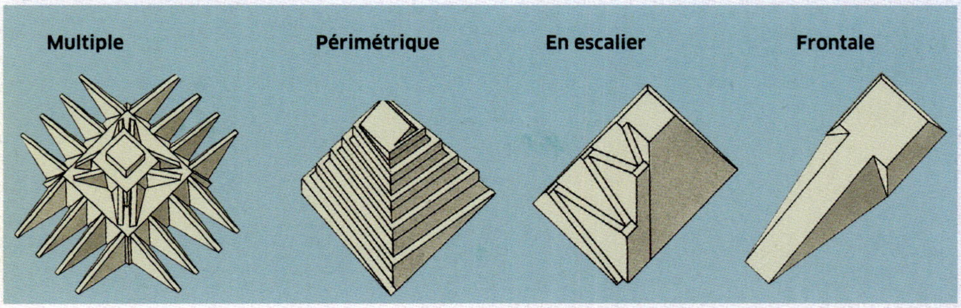

Khéphren

La pyramide de Khéphren est gardée par le Grand Sphinx, un symbole du pharaon.

Mausolées royaux

Les pyramides furent construites pour servir de mausolées au pharaons morts. La construction de la pyramide de Kheops a nécessité 33 années.

VILLAGE

Près du Sphinx, se trouvait le village des personnalités officielles et des travailleurs en charge de la construction des pyramides.

Khéops

Deux millions de pierres, pesant chacune 200 kg, ont été utilisées pour la construction de cette pyramide. La pyramide est de la hauteur d'un immeuble de 40 étages.

Une vue spectaculaire Les pyramides au coucher du soleil.

OCÉANIE INTRODUCTION

Le plus petit des continents, l'Océanie est un ensemble d'îles et d'archipels : l'Australie, la Nouvelle-Zélande, la Papouasie-Nouvelle-Guinée et de très nombreuses îles du Pacifique, comme la Micronésie, les îles Fidji, Tonga et Samoa. Avant l'arrivée des Européens, la région était déjà occupée par des peuples tels que les Maoris de Nouvelle-Zélande et les Aborigènes d'Australie. Français, Britanniques, Néerlandais et Portugais y ont fondé des colonies, aujourd'hui indépendantes.

ÎLE CAMPBELL, NOUVELLE-ZÉLANDE
SUR CETTE ÎLE, QUI RESTE INHABITÉE, LES SEULS VISITEURS SONT DES SCIENTIFIQUES QUI ÉTUDIENT SA FAUNE ET SA FLORE.

OCÉANIE
CARTE PHYSIQUE

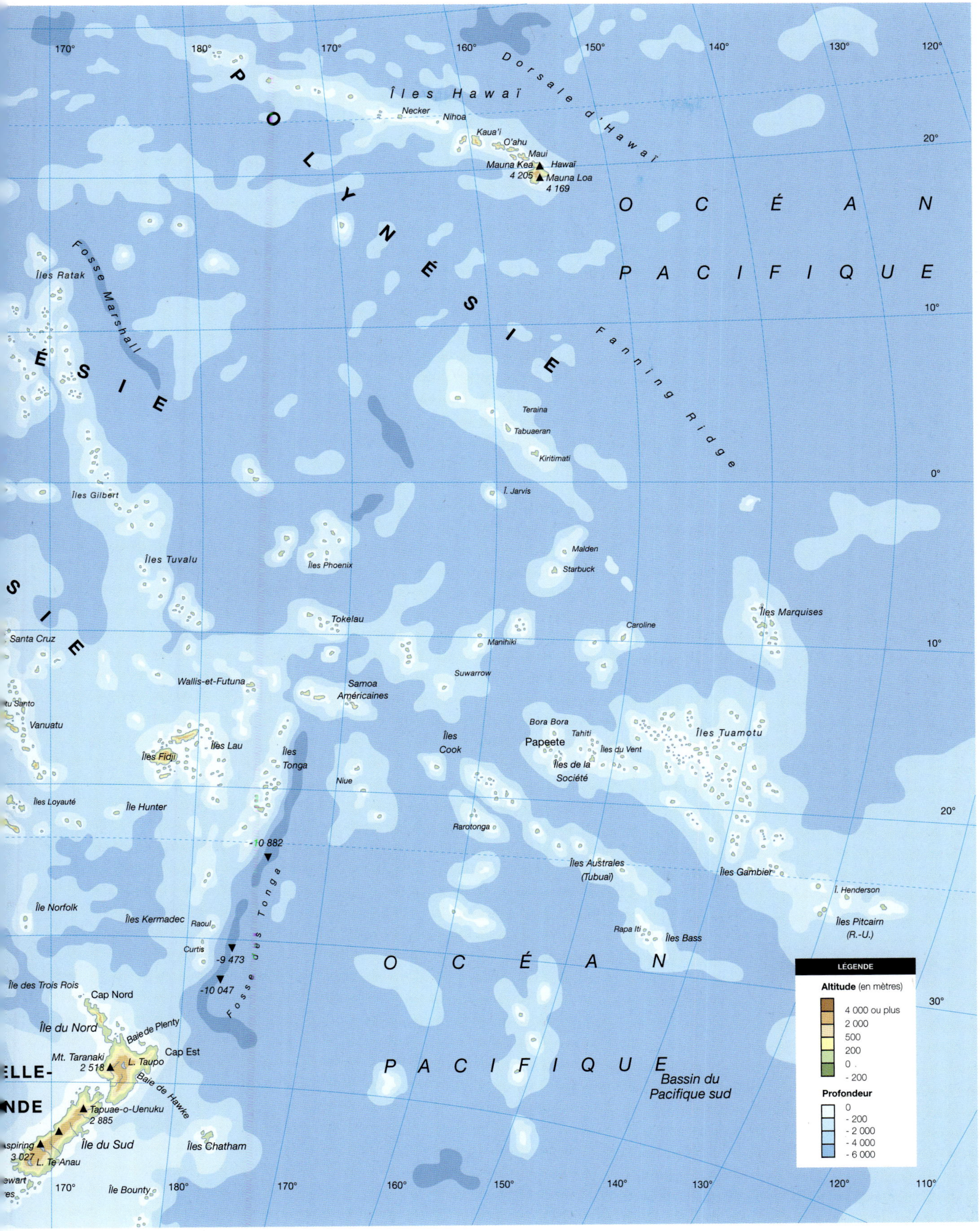
POLYNÉSIE
Îles Hawaï
Necker
Nihoa
Kaua'i
O'ahu
Maui
Hawaï
Mauna Kea
4 205
Mauna Loa
4 169
Dorsale d'Hawaï
OCÉAN PACIFIQUE
Fosse Marshall
Îles Ratak
Fanning Ridge
Teraina
Tabuaeran
Kiritimati
Î. Jarvis
Îles Gilbert
Îles Phoenix
Îles Tuvalu
Malden
Starbuck
Îles Marquises
Tokelau
Manihiki
Caroline
Santa Cruz
Wallis-et-Futuna
Suwarrow
Samoa Américaines
Vanuatu
Bora Bora
Tahiti
Papeete
Îles du Vent
Îles de la Société
Îles Tuamotu
Îles Cook
Îles Fidji
Îles Lau
Îles Tonga
Niue
Îles Loyauté
Île Hunter
Rarotonga
-10 882
Îles Australes (Tubuai)
Îles Gambier
Î. Henderson
Îles Pitcairn (R.-U.)
Île Norfolk
Îles Kermadec
Raoul
Curtis
Fosse des Tonga
-9 473
-10 047
Rapa Iti
Îles Bass
Île des Trois Rois
Cap Nord
Île du Nord
Baie de Plenty
Cap Est
Mt. Taranaki
2 518
L. Taupo
Baie de Hawke
Tapuae-o-Uenuku
2 885
Île du Sud
Îles Chatham
3 027
L. Te Anau
Île Bounty
Bassin du Pacifique sud
LÉGENDE
Altitude (en mètres)
4 000 ou plus
2 000
500
200
0
- 200
Profondeur
0
- 200
- 2 000
- 4 000
- 6 000
170°
180°
160°
150°
140°
130°
120°
110°
20°
10°
0°
30°

OCÉANIE
CARTE POLITIQUE

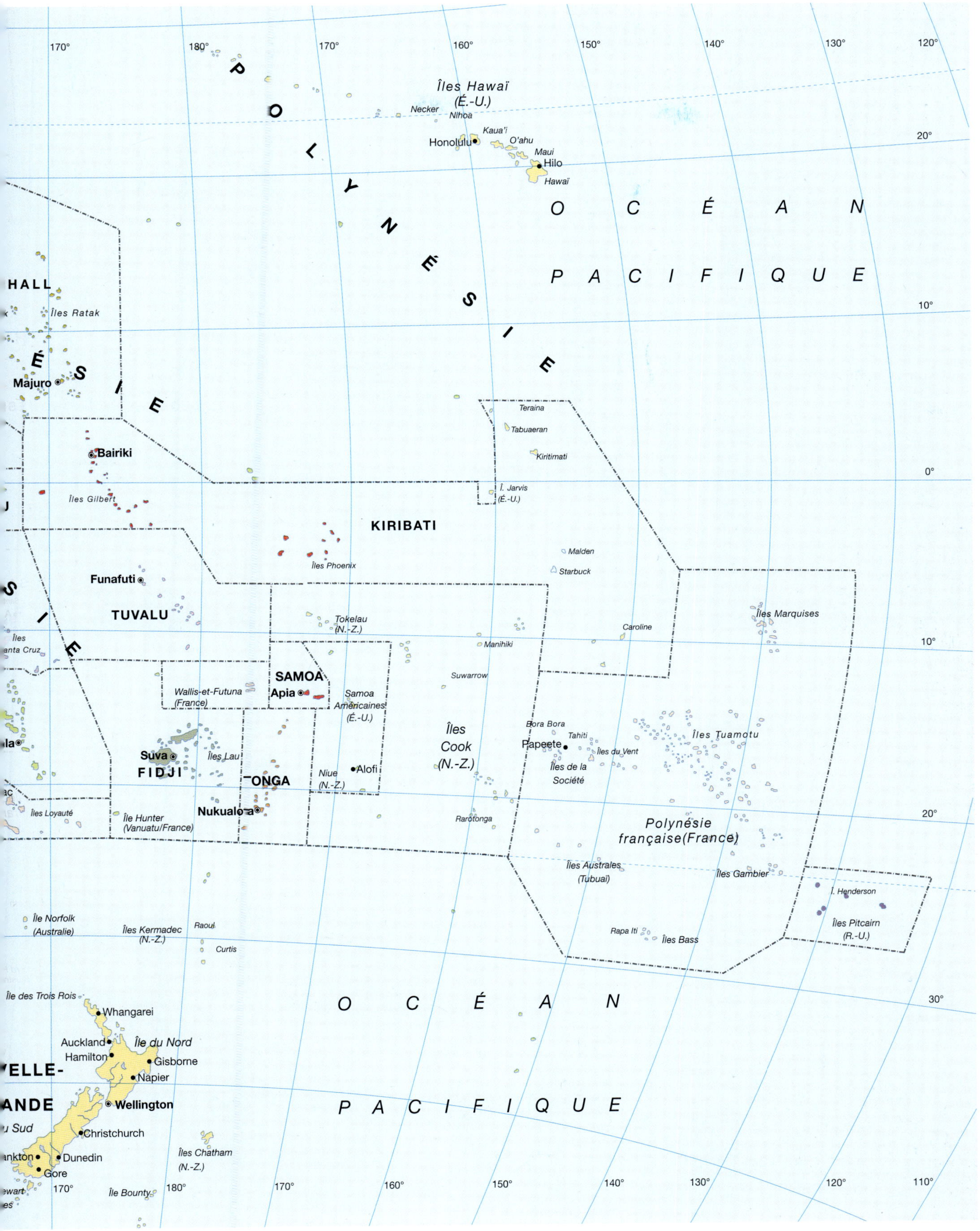
Îles Hawaï (É.-U.)
Necker
Nihoa
Kaua'i
O'ahu
Honolulu
Maui
Hilo
Hawaï
POLYNÉSIE
OCÉAN PACIFIQUE
HALL
Îles Ratak
Majuro
Teraina
Tabuaeran
Kiritimati
Bairiki
Îles Gilbert
Î. Jarvis (É.-U.)
KIRIBATI
Malden
Starbuck
Îles Phoenix
Funafuti
TUVALU
Tokelau (N.-Z.)
Manihiki
Caroline
Îles Marquises
Îles Santa Cruz
Suwarrow
SAMOA
Apia
Samoa Américaines (É.-U.)
Wallis-et-Futuna (France)
Îles Cook (N.-Z.)
Bora Bora
Tahiti
Papeete
Îles du Vent
Îles de la Société
Îles Tuamotu
Suva
FIDJI
Îles Lau
TONGA
Niue (N.-Z.)
Alofi
Nukualofa
Îles Loyauté
Île Hunter (Vanuatu/France)
Rarotonga
Polynésie française (France)
Îles Australes (Tubuai)
Îles Gambier
Î. Henderson
Îles Pitcairn (R.-U.)
Rapa Iti
Îles Bass
Île Norfolk (Australie)
Îles Kermadec (N.-Z.)
Raoul
Curtis
Île des Trois Rois
Whangarei
Auckland
Île du Nord
Hamilton
Gisborne
Napier
Wellington
Christchurch
Dunedin
Gore
Îles Chatham (N.-Z.)
Île Bounty
OCÉAN PACIFIQUE
170° 180° 170° 160° 150° 140° 130° 120° 110°
20° 10° 0° 10° 20° 30°

GÉOLOGIE ET PAYSAGES

À l'origine, l'Océanie et l'Antarctique appartenaient à un « supercontinent », le Gondwana. La dérive des continents les sépara, fractionnant l'Océanie en de nombreuses îles du Pacifique.

Les Montagnes Bleues
Ces montagnes d'Australie ont été inscrites au patrimoine mondial de l'Unesco.

LE TRAVAIL DE L'ÉROSION
AUSTRALIE

Les Trois Sœurs

Ces formations rocheuses se trouvent dans les Montagnes Bleues, situées dans l'État australien de Nouvelle-Galles du Sud. Chaque « sœur » dépasse les 900 m. Leur formation est le fruit de l'érosion du grès.

PARC NATIONAL
NOUVELLE-ZÉLANDE

Tongariro et ses sites sacrés

Le plus ancien parc national de la Nouvelle-Zélande se trouve dans l'île du Nord. Le site a une grande importance spirituelle pour les premiers habitants de Nouvelle-Zélande, les Maoris. Le parc contient trois volcans actifs, qui ajoutent à sa beauté naturelle. Le parc se parcourt en randonnée, ou en rafting pour les visiteurs les plus sportifs.

RESSOURCES NATURELLES
TOURISME EN ZONE PROTÉGÉE

Arthur's Pass, Nouvelle-Zélande

Arthur's Pass, du nom d'Arthur Dudley Dobson, est le col le plus haut des Alpes du Sud de la Nouvelle-Zélande. Les activités pratiquées sont l'escalade, le VTT et la randonnée. Le col fut découvert en 1864, mais la route était déjà connue des Maoris. Le plus haut sommet des Alpes du Sud est le Mont Murchison de 2 400 m.

GÉOGRAPHIE ET CLIMAT
LE PLUS PETIT CONTINENT DU MONDE

Les grandes chaînes de l'Est, Australie

La Cordillère australienne est la troisième plus longue chaîne de montagnes du monde. Elle parcourt presque toute la côte Est de l'Australie et abrite le plus haut sommet du pays, le mont Kosciusko.

Grande barrière de corail
Au large de la côte nord-est australienne, la Grande barrière de corail est le plus long récif corallien. du monde.

MERS ET VOLCANS
RISQUES ÉCOLOGIQUES

Mer de Timor

Située entre l'île de Timor et l'Australie, la mer de Timor borde l'Océan Indien. En 2009, une marée noire eut des conséquences désastreuses sur les oiseaux, les invertébrés marins, les coraux et les algues.

Mont Egmont, Nouvelle-Zélande

Appelé Taranaki par les Maoris, le mont Egmont est un volcan endormi de 2 518 m de haut. Sa dernière éruption date de 1655. Les autres volcans actifs de l'île du Nord sont Ruapehu, Ngauruhoe et Tongariro.

Ayers Rock
Situé dans le centre australien, ce rocher de grès rouge est sacré pour les Aborigènes qui le nomment Uluru.

AUSTRALIE
ULURU OU AYERS ROCK

Rocher sacré

Situé dans le territoire nord de l'Australie, Uluru est la principale attraction du parc national d'Uluru-Kata Tjuta. Ce rocher rouge géant mesure 348 m de haut. Il est considéré comme l'un des plus importants sites pour les cérémonies et rituels aborigènes.

FAUNE ET FLORE

La vie animale et végétale d'Océanie a été bouleversée par l'arrivée de plantes et d'animaux avec les colons. Toutefois, le continent conserve des espèces introuvables ailleurs, comme les kangourous, le kiwi de Nouvelle Zélande, le diable de Tasmanie et le koala.

Lupins
Ces fleurs ont été introduites en Nouvelle-Zélande par les colons d'Europe.

ESPÈCES PROTÉGÉES
FOSSILE VIVANT

Sphénodon de Nouvelle-Zélande

Il ressemble à un lézard, mais est apparenté à des reptiles qui vivaient il y a 200 millions d'années, avant qu'apparaissent les vrais lézards. Son nom local, tuatara, signifie « dos épineux » en maori.

ESPÈCES INVASIVES
EFFETS DE LEUR INTRODUCTION

Le Martin triste

Originaire d'Asie, cet oiseau proche des mainates a été introduit par les Britanniques pour détruire les parasites des cultures. Aujourd'hui, c'est un fléau qui provoque la raréfaction d'espèces d'oiseaux ne vivant qu'en Océanie.

CÉLÈBRE GRÂCE AU CINÉMA
POISSON DES RÉCIFS CORALLIENS

Poisson-clown

Le poisson-clown vit dans l'Océan Pacifique. Facilement reconnaissable par sa couleur orange vif, il est carnivore et réside dans les anémones de mer et dans les récifs de coraux.

Frégate du Pacifique

Le mâle est aisément identifiable à sa gorge rouge qu'il gonfle. Cet oiseau est l'emblème des îles Gilbert.

OISEAU DE PARADIS
C'est l'emblème national de la Papouasie-Nouvelle-Guinée.

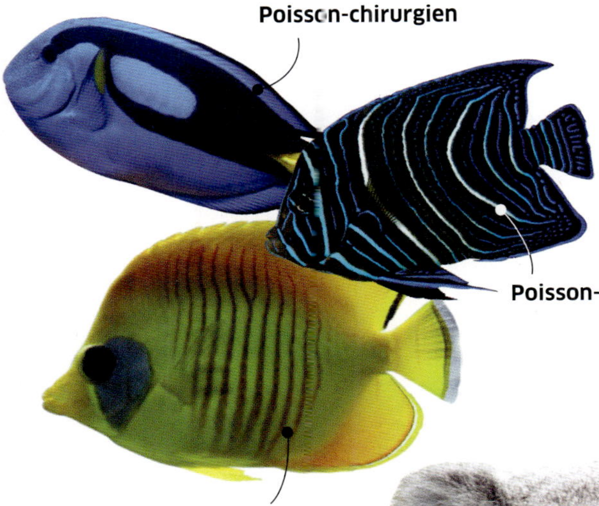

Diversité marine

1 500 espèces de poissons vivent dans la Grande barrière de corail.

Koala

Ce marsupial herbivore mesure jusqu'à 75 cm.

Crocodile marin
Il dispute au crocodile du Nil le statut de plus grand et plus dangereux crocodile du monde (7 m de long).

Fou brun

Les fous bruns nichent sur les côtes de Tuvalu, de Micronésie, de Polynésie française et d'Australie. Ces oiseaux plongent vertigineusement pour capturer poissons et calmars.

Diable de Tasmanie

Cet animal agressif est un marsupial carnivore. On ne le trouve que sur l'île de Tasmanie, au large de la côte sud australienne.

Kiwi

Emblème de la Nouvelle-Zélande, le kiwi est un oiseau nocturne assez rare. Ses ailes sont trop petites pour lui permettre de voler.

Eucalyptus
C'est l'arbre le plus répandu en Australie.

POPULATION ET ÉCONOMIE

L'Australie et la Nouvelle-Zélande sont les plus grands pays de l'Océanie, mais ils ont la plus faible densité de population. Ce sont des pays développés qui ont une économie stable avec d'importants échanges marchands avec l'Asie du Sud-Est. Quant aux autres nations d'Océanie, elles vivent principalement du tourisme et de l'agriculture.

Sydney, Australie
Étudiants et élèves, entre George Street et Park Avenue, au cœur de la ville.

NOUVELLE-ZÉLANDE
VILLES

Auckland

Plus grande ville de Nouvelle-Zélande, Auckland, a deux ports. Elle est aussi le centre culturel et économique du pays.

Régime politique

En 1893, la Nouvelle-Zélande fut le premier pays au monde à autoriser les femmes à voter. Aujourd'hui, la majorité des nations d'Océanie sont des démocraties.

Bateaux-taxis

Utilisés par les habitants de Micronésie pour passer d'île en île, ils sont aussi loués aux touristes pour visiter les archipels.

Industrie australienne

L'Australie domine l'économie d'Océanie. Le pays est en pointe dans les industries chimiques, pétrochimiques et agroalimentaires.

Nouvelle-Zélande
C'est un des pays du monde qui compte le plus d'élevages de moutons.

INFRASTRUCTURES CONTRASTÉES
TRANSPORTS ET INDUSTRIE

L'autoroute Houghton

L'autoroute Houghton passe sur le plus long pont d'Océanie. Il surplombe la mer sur une distance de 2 740 m, dans le Queensland en Australie. Alors que l'Australie possède 812 972 km de routes, Tuvalu n'en a que 8. La plupart des pays du continent commercent par la mer.

Vins d'Australie
L'Australie est un grand pays viticole, et le 4e exportateur de vin dans le monde.

Transport urbain
Le monorail de Sydney parcourt toute la ville.

DIVERSITÉ CULTURELLE
POPULATIONS ET LANGUES

La Micronésie

C'est un regroupement de milliers d'îles à l'ouest du Pacifique Sud. Plusieurs d'entre elles sont aujourd'hui des nations indépendantes. La Micronésie est une mosaïque de cultures et ses peuples parlent plusieurs langues. Ils descendent de peuples d'autres zones du Pacifique.

EXTRACTION MINIÈRE
DES RESSOURCES IMPORTANTES

Réserves minièreS d'Australie

L'Australie est le 2e producteur d'or dans le monde mais le 1er de bauxite, de titanium et de diamants. Il a aussi des mines d'uranium, de nickel, de plomb, de zinc, d'étain, de cuivre et a ses propres sites pétroliers. Ces ressources naturelles sont primordiales pour l'économie du pays.

ABORIGÈNES D'AUSTRALIE

Les Australiens aborigènes étaient les premiers à vivre sur l'île-continent. Ils pratiquaient la chasse et la cueillette. On distingue plusieurs groupes différents parmi les Aborigènes d'Australie, chacun ayant un langage et des traditions propres.

HÉRITAGE COMMUN

Hors de l'Afrique

Il y a 80 000 ans, un ou plusieurs petits groupes d'humains quittaient l'Afrique et traversaient l'Arabie. Tous les non-Africains, des Européens aux Amérindiens en passant par les aborigènes australiens, sont leurs descendants. Certains des premiers habitants de l'Asie longèrent les côtes pour atteindre l'Australie il y a environ 50 000 ans. C'étaient les ancêtres des Aborigènes.

CULTURE ET TRADITIONS

Peinture corporelle

La peinture de motifs sur tout le corps est fondamentale dans diverses cérémonies. Les motifs sont peints avec des ocres (craies naturelles) pulvérisés et mélangés avec de l'eau.

Culture aborigène Ces garçons effectuent une danse traditionnelle.

Danse

Une part importante de la culture aborigène s'exprime à travers la danse. Les occasions de danser sont nombreuses: une réunion, une cérémonie ou un événement particulier comme la construction d'un nouveau bâtiment.

Art rupestre

Ces peintures murales du Parc national de Kakadu représentent des scènes du monde mythique. Elles ont plusieurs milliers d'années.

Didgeridoo

Cet instrument à vent demande du souffle ! Un didgeridoo peut mesurer 0,8 à 2 m. Plus il est long et plus il émet des sons graves.

Mortier en pierre

Il était traditionnellement utilisé pour moudre des herbes et des graines pour la cuisine.

Hommes et femmes

Les danses ont une signification et servent de ciment social. La danse masculine, plus énergique que la danse féminine, est remplie de sauts.

Demeures

Avant, les Aborigènes s'abritaient dans des cavernes et non dans des maisons. Aujourd'hui, quelques-uns vivent toujours dans la brousse australienne, mais dans des bâtiments.

Boomerangs

Ces armes plates en bois servaient à chasser. On les jetait sur la cible, et si elles la manquaient, elles faisaient demi-tour et revenaient vers leurs lanceurs.

L'OPÉRA DE SYDNEY

Voici un monument aussi facile à reconnaître que la tour Eiffel, tant son architecture est particulière. L'Opéra de Sydney contient une grande salle d'opéra, une salle de concert, un grand et petit théâtres, un espace d'exposition et une bibliothèque.

OPÉRA DE SYDNEY FICHE D'IDENTITÉ

Un palais de la Culture

L'Opéra de Sydney a été inscrit au patrimoine mondial de l'Unesco en 2007.

INFOS

Localisation : Sydney, Australie

Type de bâtiment : centre culturel

Capacité : 5 700 spectateurs

Structure : ciment, granite rose et bois vernis

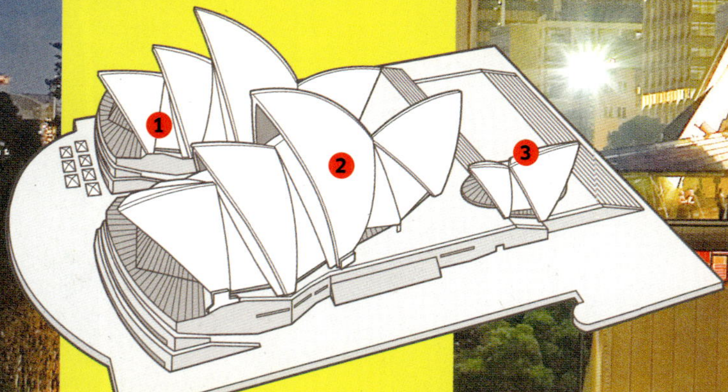

1. Salle d'opéra
2. Salle de concert
3. Restaurant

Ville de lumière L'Opéra de Sydney fut inauguré en 1973. Ses « coquilles » sont bien visibles devant le centre-ville.

Salle Utzon (salle d'opéra)

En 2004, la salle prit le nom de l'architecte de l'Opéra. La salle Uzton accueille différents spectacles, dont des représentations musicales.

Utilisations
Outre des opéras, on présente des concerts et des pièces de théâtre dans 5 salles. Il y a aussi des salles de conférences.

Construction

La construction de l'Opéra de Sydney se fit par étapes entre 1959 et 1973. L'architecte était le Danois Jorn Utzon.

233

Nombre d'architectes qui ont concouru pour l'Opéra.

Nouvelle colonnade

La nouvelle colonnade de l'ouest ouvrit en 2006. Ce passage de 45 m sur le côté du bâtiment apporte plus de lumière et permet aux visiteurs de l'Opéra d'avoir une vue sur le pont Harbour.

Salle de concert

Cette magnifique salle peut accueillir 2 679 spectateurs : c'est la plus grande salle de l'Opéra, où se représentent l'Orchestre symphonique de Sydney et l'Orchestre de chambre d'Australie.

N&W

LE MONDE EN CHIFFRES INTRODUCTION

Cet atlas a parcouru en détail chaque continent, présentant les différents environnements et la diversité des populations qui habitent notre planète. Ce dernier chapitre traite des données chiffrées des problèmes à l'échelle mondiale : de la surpopulation, des ressources d'énergie et alimentaires à la pénurie d'eau. Il montre aussi comment ces problèmes affectent l'économie globale.

COMBUSTIBLE
À PERTE DE VUE, DES TRAINS DE FRET REMPLIS DE CHARBON SONT ENVOYÉS À TRAVERS LA CHINE POUR PRODUIRE DE L'ÉLECTRICITÉ.

CONTINENTS ET PAYS

L'homme a tracé toutes sortes de frontières qui dessinent la carte politique du monde. Si certaines d'entre elles ont une existence physique (fleuve, montagne), d'autres résultent d'événements historiques, comme des guerres.

FRONTIÈRES
Tracées sur les cartes, les frontières délimitent les zones géographiques qui définissent les pays.

Les terres émergées

Les deux tiers de la Terre sont recouverts d'eau. Les terres émergées (le tiers restant) sont divisées en sept continents. L'Amérique centrale et les Caraïbes sont parfois considérées comme un sous-continent faisant partie de l'Amérique du Nord.

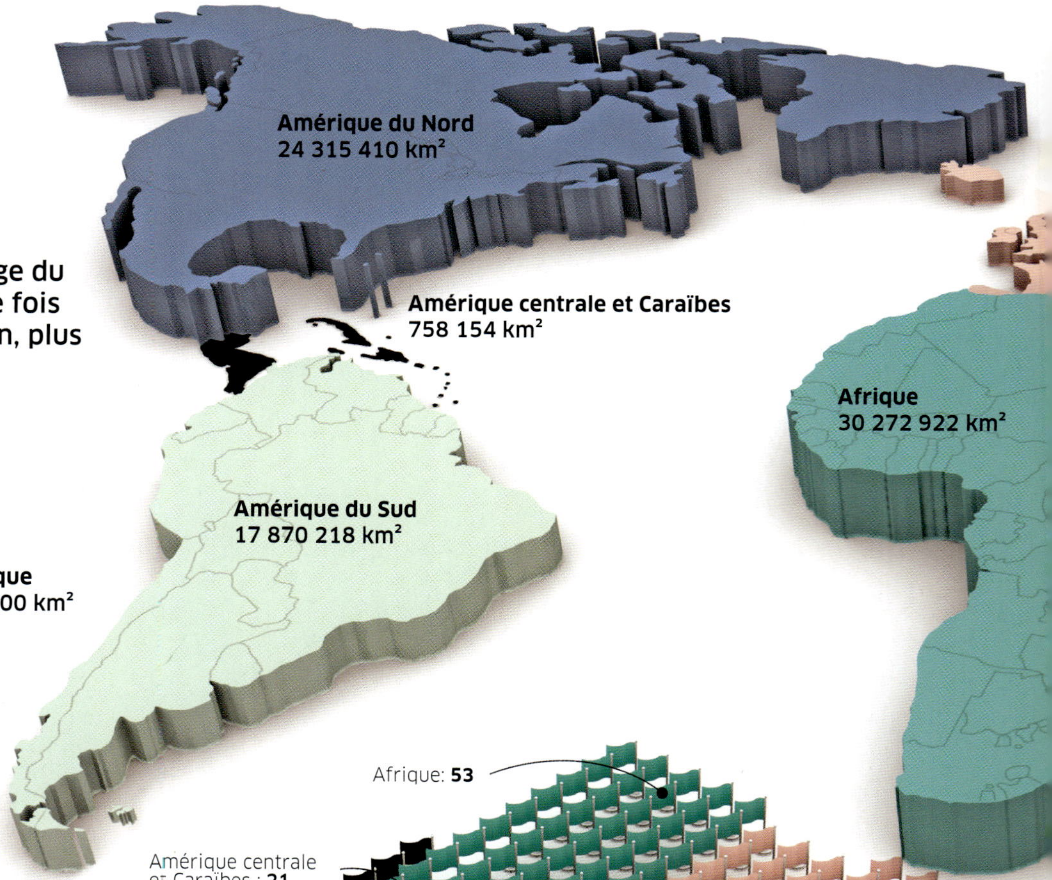

38
millions

La Russie, État le plus large du monde, est 38 millions de fois plus grande que le Vatican, plus petit État du monde.

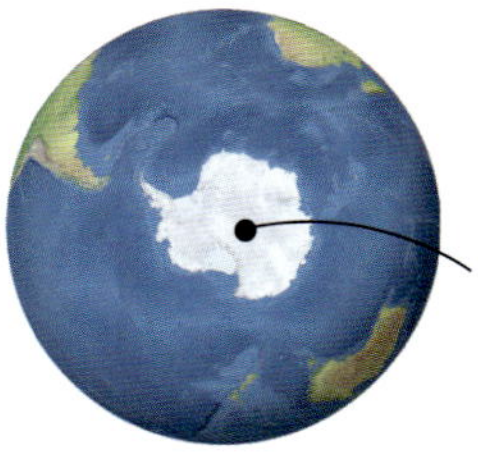

PLUSIEURS PAYS

Chaque drapeau dans l'illustration à droite représente un pays colorié par rapport au continent auquel il appartient. L'Antarctique est un cas unique car il ne contient aucun pays.

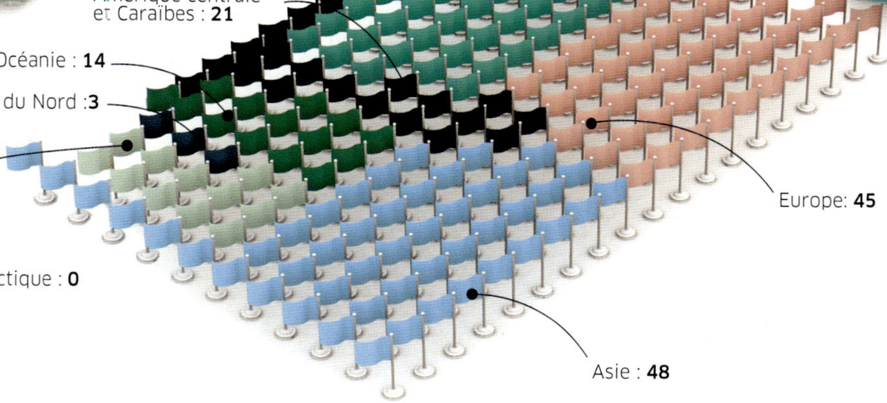

LES 15 PAYS AYANT LA PLUS GRANDE SUPERFICIE

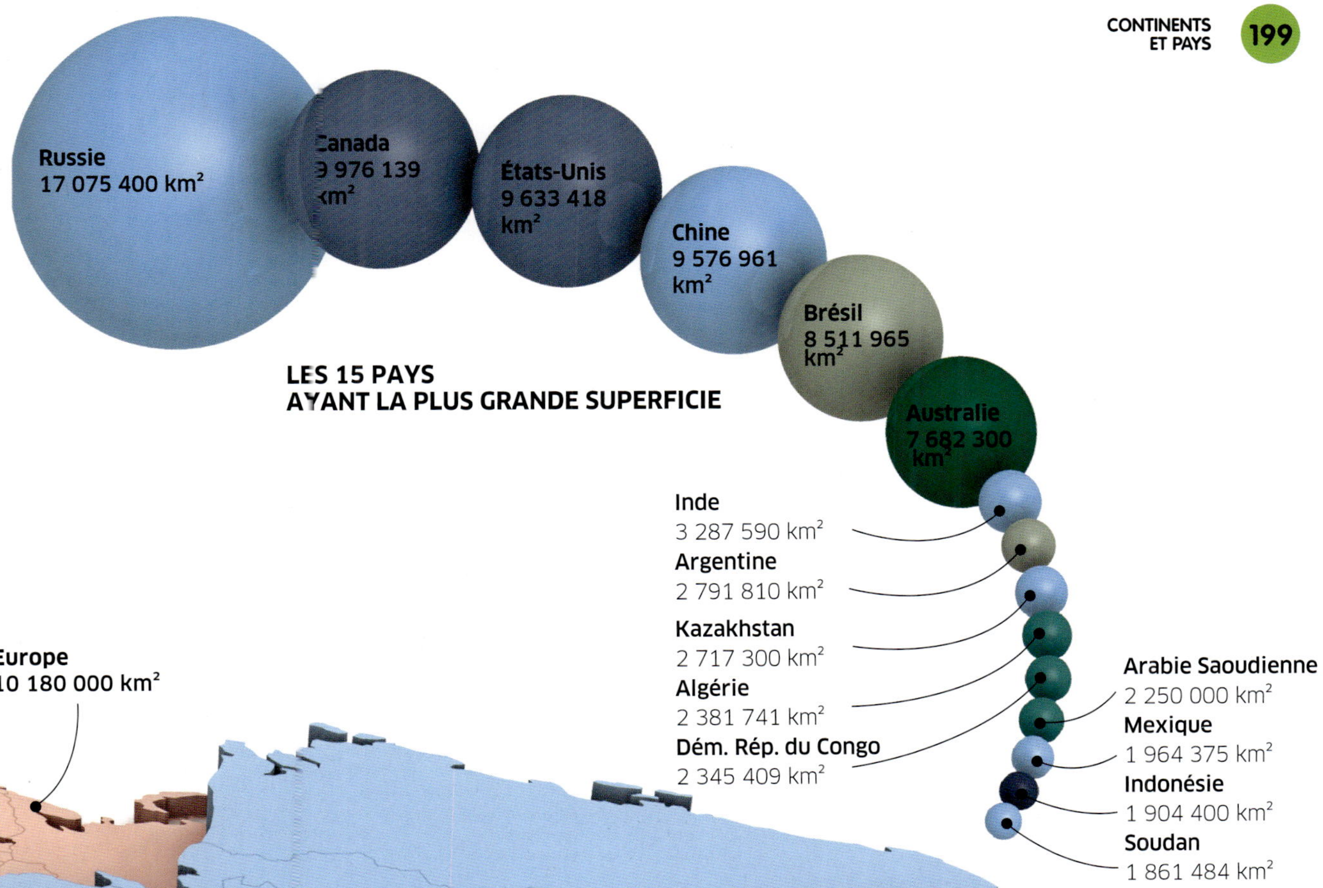

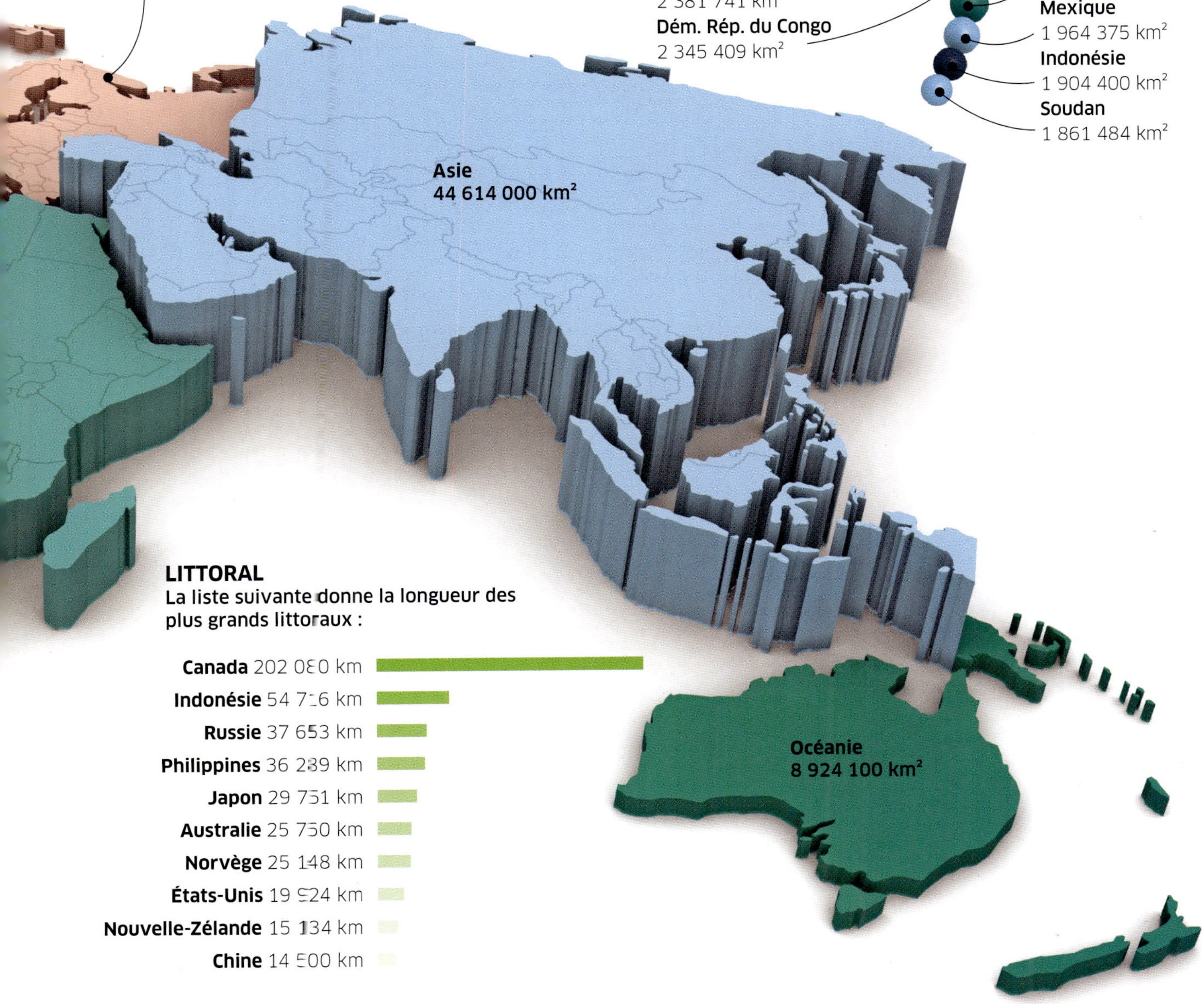

LITTORAL

La liste suivante donne la longueur des plus grands littoraux :

Canada 202 080 km
Indonésie 54 716 km
Russie 37 653 km
Philippines 36 289 km
Japon 29 751 km
Australie 25 760 km
Norvège 25 148 km
États-Unis 19 924 km
Nouvelle-Zélande 15 134 km
Chine 14 500 km

ZONES CLIMATIQUES

Le monde peut être divisé en différentes parties selon les climats. Il y a des zones avec des températures, une pression atmosphérique, des pluies et une humidité similaires.

ZONES CLIMATIQUES

- Forêt tropicale
- Savane
- Steppe
- Désert
- Humide et tempéré (saison sèche)
- Humide et tempéré
- Tempéré
- Toundra
- Glacial
- Montagnard
- Continental frais tempéré
- Continental plus frais
- Continental froid

Tempéré

Le climat tempéré a des températures moyennes, des pluies modérées toute l'année et hivers doux avec de longues périodes sans gel. Les régions tempérées sont idéales pour les agriculteurs.

Climat tropical

Les zones tropicales subissent de hautes températures ainsi que de fortes pluies. Près de la moitié de la population mondiale vit sous un climat tropical. La végétation y est luxuriante et l'air très moite à cause, des pluies et de la transpiration des plantes.

Températures extrêmes

La plus haute température fut enregistrée en Lybie en 1922 : 57,8 °C. La plus basse température le fut à la station Vostok en Antarctique : - 89,2 °C. La région de Marble Bar à l'ouest de l'Australie a connu une haute température constante : elle n'est jamais descendue sous 37,8°C du 7 octobre 1923 au 31 avril 1924.

Froid tempéré

Les hivers rudes avec de longs mois de gel sont typiques de ce climat. La température moyenne est si basse qu'il y a peu d'agriculture et les paysages sont majoritairement recouverts de végétation naturelle.

Climat montagnard

Aucune végétation ne pousse et, en haute altitude, la température est très basse, les vents violents et les chutes de neige continuelles et inégales.

Températures et vents

Sur Terre, les temperatures dépendent du Soleil. Elles influencent la pression atmosphérique dans chaque zone et ces différences produisent les vents.

Désert

Il n'y pleut presque jamais.

TORNADES
Le 3 et 4 Avril 1974, il n'y eut pas moins de 148 tornades en 18 heures (É.-U.).

SURPOPULATION

Comme la population mondiale continue d'augmenter, la nécessité de répondre à ses besoins vitaux grandit avec. La différence entre le niveau de vie des pays riches et des pays les moins développés restera élevée, puisque c'est surtout la population des pays pauvres qui augmente.

Japon
Des rues bondées à Tokyo.

VALEURS DIFFÉRENTES

Espérance de vie

C'est le nombre moyen d'années qu'une personne peut espérer vivre. Dans la Rome antique, l'espérance de vie moyenne était de 25 ans. En 1900, elle a atteint les 50 ans en moyenne dans le monde. Grâce aux progrès de la médecine, elle se situe aujourd'hui autour de 67 ans. Néanmoins, il y a un grand écart entre l'espérance de vie des pays pauvres et des pays riches.

Un monde de différence

L'espérance de vie dans certains pays :

PAYS	ÂGE
JAPON	82
SUISSE	81
ÉTATS-UNIS	78
ARGENTINE	75
VENEZUELA	73
MONGOLIE	67
NIGÉRIA	47

LE FUTUR
Les démographes prévoient une population mondiale de 9,1 milliards d'habitants d'ici 2050.

L'Asie en tête

L'Asie de l'Est a la plus grande concentration de population au monde.

Surdensité

Pauvreté, pollution de l'eau, embouteillages et bruit sont le quotidien des 17 millions d'habitants de Calcutta (Inde).

Solutions

La population, toujours plus nombreuse, doit trouver des solutions aux pénuries d'eau, de nourriture et d'énergie ainsi qu'aux déficiences des services de santé et des écoles.

PAYS LES PLUS PEUPLÉS

Les deux tiers de la population mondiale vivent dans 16 pays.

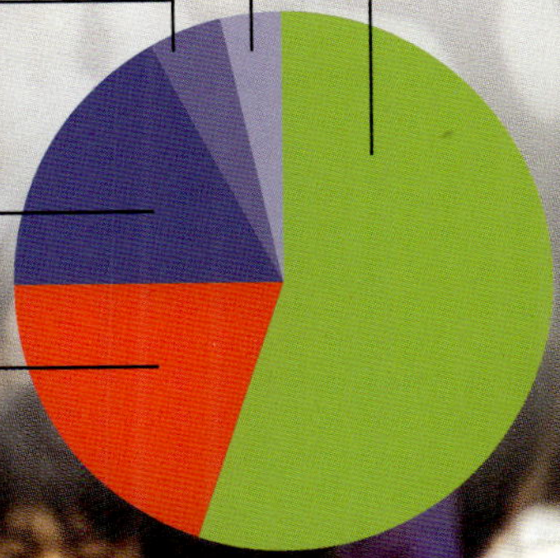

GÉOGRAPHIE URBAINE

Grande ville

Une conurbation est le résultat d'une croissance et d'une expansion d'une ville centrale, qui comprend aussi les villes et les villages avoisinants.

CONURBATIONS	POPULATION
Tokyo, Japon	38 000 000
Canton, Chine	24 500 000
Séoul, Corée du Sud	24 200 000
Mexico, Mexique	23 400 000
New Delhi, Inde	23 200 000

L'AGRICULTURE

La production d'organismes génétiquement modifiés (OGM) augmente. Les scientifiques croient que la modification génétique peut améliorer les récoltes et réduire leurs coûts de production, mais des écologistes nous mettent en garde contre leurs effets encore inconnus sur l'homme et l'environnement.

MONDIALISATION
La production d'OGM a autant concerné les pays riches que les pays pauvres.

Pays avec récoltes d'OGM

Cette carte montre la répartition des OGM en 2010 en millions d'hectares (ha).

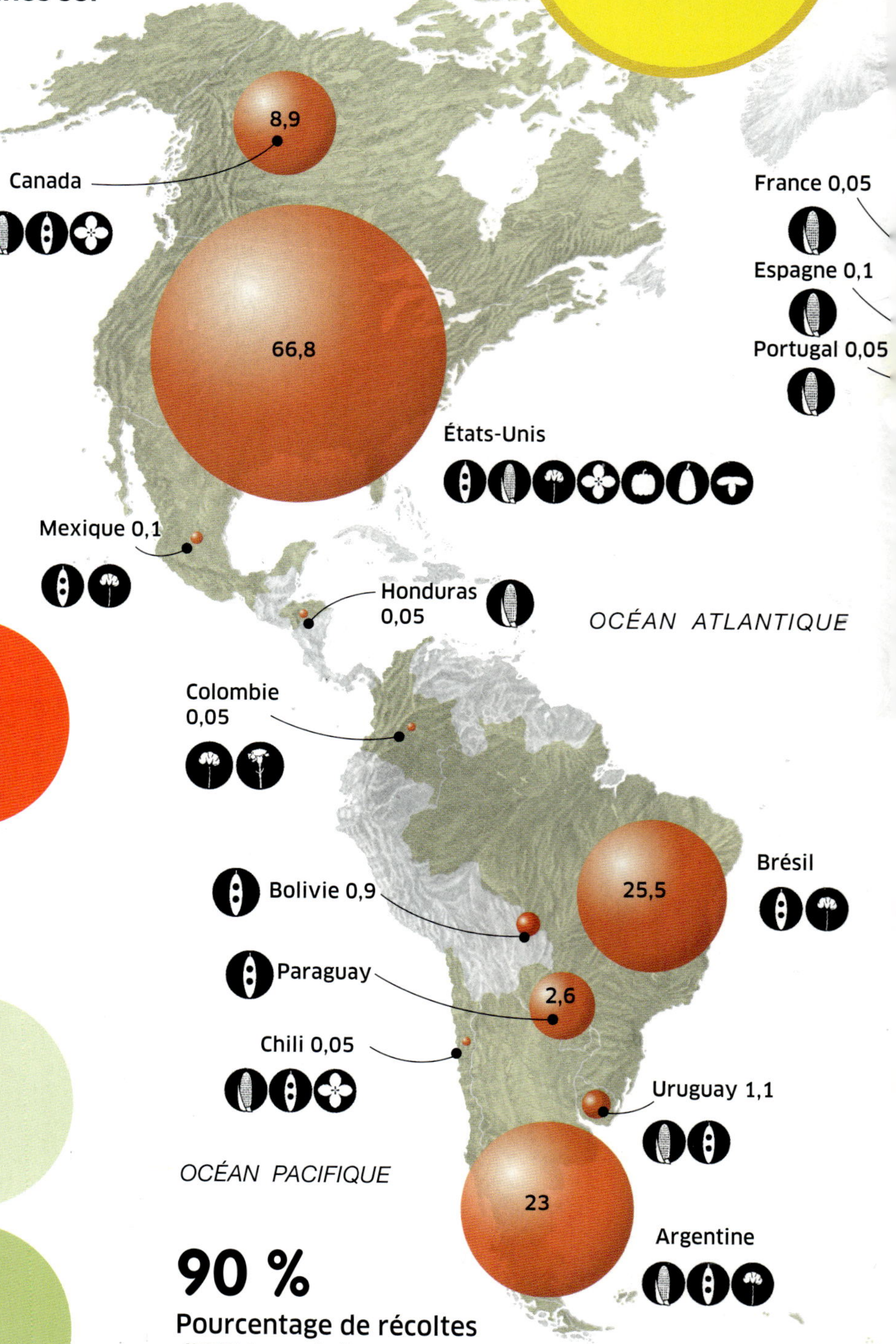

RÉPARTITION DES RÉCOLTES EN ARGENTINE

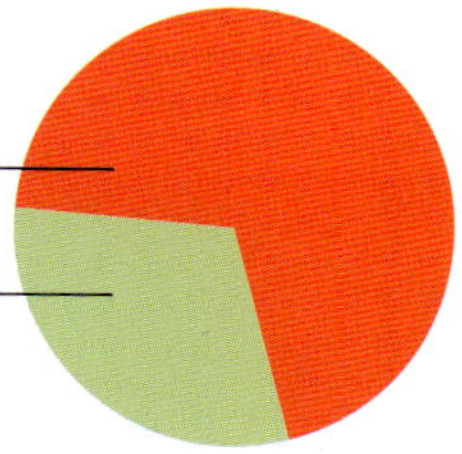

54 % OGM (soja, maïs et coton)

46 % Récoltes naturelles

SOJA ET COTON, NATURELS ET OGM, RÉCOLTES DANS LE MONDE

Soja

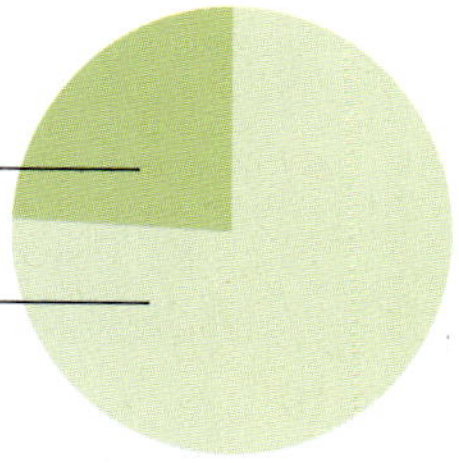

24 % Naturel

76 % OGM

Coton

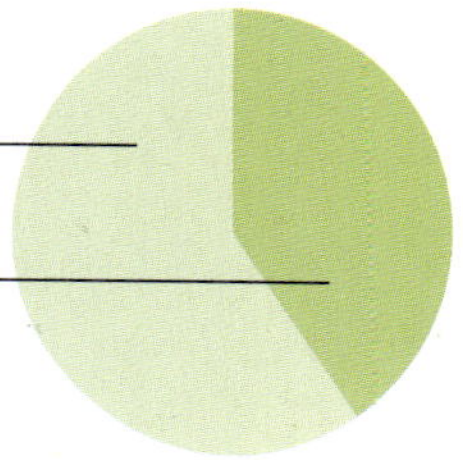

62 % OGM

38 % Naturel

90 %

Pourcentage de récoltes d'OGM produites en Argentine, au Brésil, États-Unis et au Canada.

PLUS GRANDS PRODUCTEURS DE BLÉ
En millions de tonnes par an

1. Chine 112
2. Inde 79
3. É.-U. 68
4. Russie 61
5. France 39
6. Canada 29
7. Allemagne 25
8. Ukraine 26
9. Australie 21
10. Pakistan 21

PLUS GRANDS PRODUCTEURS DE POMMES DE TERRE
En millions de tonnes par an

1. Chine 72
2. Russie 36
3. Inde 26
4. É.-U. 20
5. Ukraine 19
6. Pologne 11
7. Allemagne 11
8. Biélorussie 8
9. Pays-Bas 7
10. France 6

PRINCIPALES CULTURES OGM

Maïs, Œillet, Colza, Tomate, Soja, Coton, Peuplier, Pétunia, Luzerne, Citrouille, Papaye, Poivre

Moins de dioxyde de carbone

Les cultures d'OGM utilisent moins de produits chimiques et émettent moins de CO_2. Cette réduction diminue l'impact de l'effet de serre sur l'atmosphère.

LA PÊCHE

Dans son rapport sur la pêche, l'Organisation des Nations unies pour l'alimentation et l'agriculture (FAO) établit que 19 % des ressources de pêche sont surexploitées et que 8 % sont en voie d'épuisement. Bien que la situation soit stabilisée depuis 2000, cet excès aura, en fin de compte, un terrible impact sur nos ressources en nourriture.

Tous à la mer

90 % des poissons sont pêchés dans les mers et les océans. Les dix autres pourcents viennent de l'eau douce. L'organisation caritative écologique Greenpeace exige la création d'une loi limitant à 40 % l'exploitation des océans.

Espèces affamées

La surpêche d'anchois et de maquereaux affectent les prédateurs de ces poissons que sont les dauphins et le thon, ce qui affecte ces animaux et perturbe les chaînes alimentaires.

Élevage de crevettes

L'élevage a stabilisé la production mondiale de crevettes. L'Inde, la Chine, les États-Unis, la Thaïlande, l'Indonésie, le Mexique, la Malaisie, le Japon, le Viêt Nam et le Brésil sont les plus investis dans cet élevage.

PRINCIPAUX EXPORTATEURS (2008)
Chiffres d'affaires annuels des pays exportateurs de poissons en milliards de dollars.

1. Chine	10,1
2. Norvège	6,9
3. Thaïlande	6,5
4. Danemark	4,6
5. Viêt Nam	4,5
6. É.-U.	4,5

Travail

La pêche est une source de revenus très importante pour des millions de personnes dans le monde. Plus de 60 millions de personnes travaillent dans l'industrie poissonnière, dont la moitié sont des femmes.

SOURCE DE PROTÉINES

Chiffres clés

15 % des protéines animales absorbées par la moitié de la population globale proviennent des poissons et de ses dérivés. Chaque personne mange en moyenne 17 kg de poisson par an.

LE BÉTAIL

Le bétail est une importante ressource et un bon indicateur pour l'économie d'un pays. Il est utilisé pour sa viande, mais aussi pour son cuir et sa fourrure. Dans les pays peu développés, les animaux sont aussi un moyen de se déplacer et de cultiver la terre.

DÉFORESTATION
Près de 20 % de la forêt amazonienne a été rasée pour l'élevage de bovins et les cultures.

PROTECTION
SANTÉ

Problèmes de santé

Selon l'ONU, le risque de transmission de maladie d'un animal à l'humain a crû, car les animaux sont moins suivis médicalement. La grippe A est une des maladies.

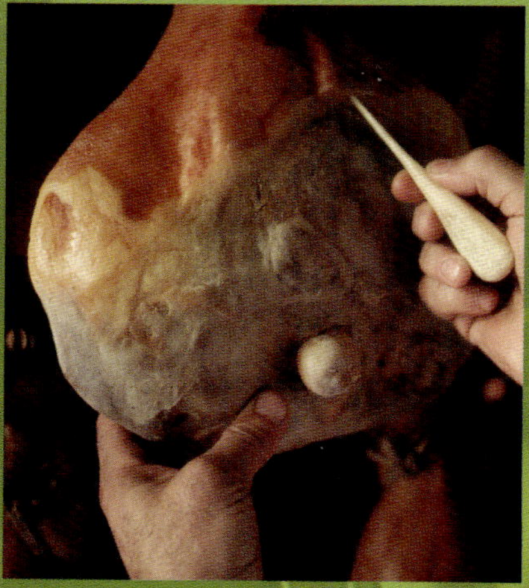

Produits laitiers

Ce graphique montre les principaux producteurs de produits laitiers. Leur consommation varie selon les régions car elle dépend des habitudes alimentaires et du niveau de vie.

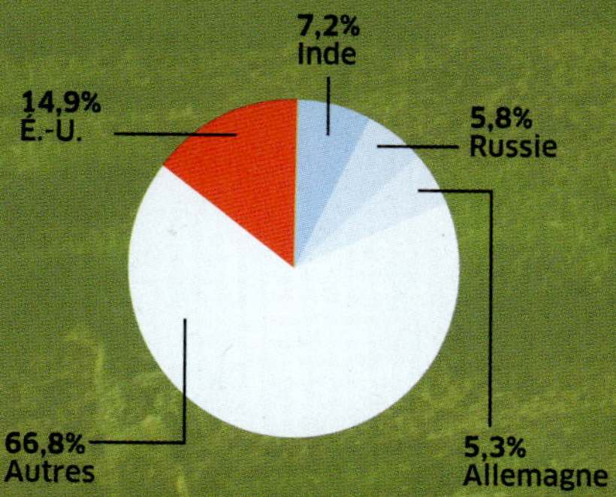

Producteurs de viande

Il y a près d'1,3 milliards de bovins dans le monde. Des pays comme les États-Unis, le Brésil ou la Chine consacrent de grandes étendues fertiles à leur élevage.

Volaille

Selon la FAO, la consommation de viande blanche a augmenté d'environ 5,8 % chaque année dans les pays peu développés.

ÉLEVAGE DE VOLAILLE (EN MILLIERS DE TONNES)

1. États-Unis 19 691
2. Chine 15 052
3. Brésil 9 225
4. Mexique 2 585
5. Inde 2 313

Production de viande

La population augmentant, la demande de viande est plus forte pour les producteurs des pays en voie de développement. La FAO estime que cette production passera de 278 millions à 463 millions de tonnes par an d'ici 2050.

STATISTIQUES CHANGEANTES

La consommation mondiale de viande

La quantité de protéines absorbée en mangeant de la viande a évolué au fil du temps. En 1968, la moyenne de protéines par personne par jour était de 9,2 g. En 1998, elle a augmenté à 12,6 g.

VIANDES CONSOMMÉES

Porc 40 %
Volaille 29 %
Bœuf 26 %
Agneau 5 %

PAR PERSONNE PAR JOUR

RÉGION DU MONDE	GRAMMES
Pays développés	224
Amérique latine	147
Asie de l'Est et du Sud	112
Moyen-Orient	54
Pays en développement	47
Afrique	31

UN MONDE ASSOIFFÉ

Selon l'Organisation mondiale de la santé (OMS), près de 900 millions de personnes n'ont pas accès à l'eau potable et 2,5 milliards, soit le tiers de la population mondiale, ne possèdent pas de systèmes sanitaires adéquats. Dans certains pays, l'eau est si rare qu'on ne gaspille aucune goutte : on utilise la même eau pour se laver et laver la cuisine et les habits.

DROIT
Les organisations écologiques jugent que l'eau n'est pas un confort mais un droit de l'homme.

Consommation humaine de l'eau

Cette carte montre qu'on utilise plus d'eau pour l'agriculture et l'industrie que pour la consommation des individus.

PRINCIPAUX USAGES DE L'EAU

- Usage industriel
- Usage industriel et agricole
- Usage industriel, avec un fort usage domestique
- Usage domestique
- Usage domestique et agricole
- Usage agricole, avec un fort usage domestique
- Usage agricole
- Usage agricole, avec un fort usage industriel
- Usage agricole, avec peu d'usage industriel
- Pas de données

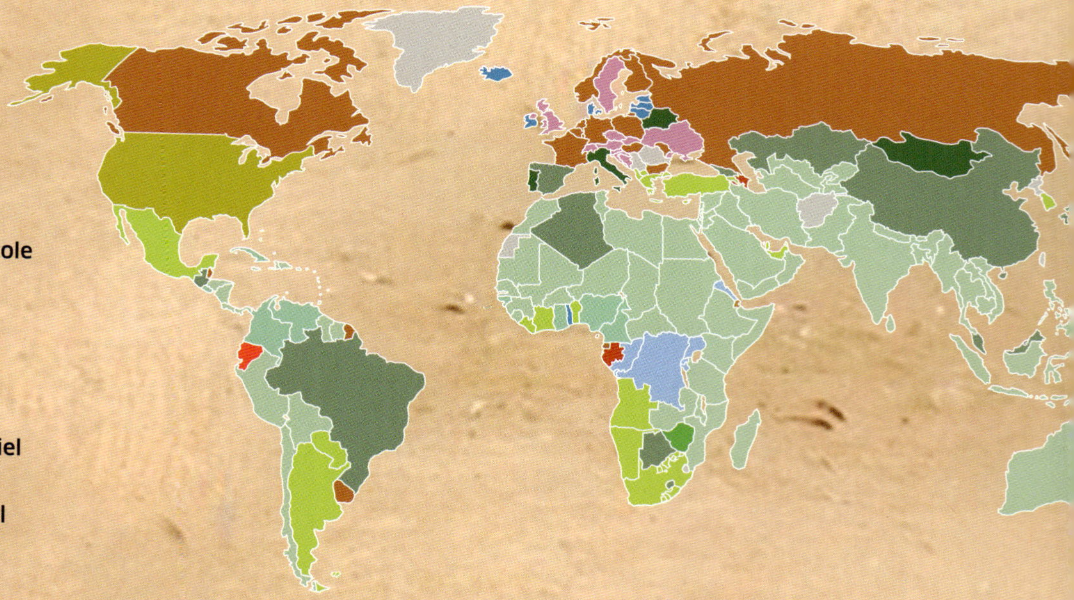

Pénuries d'eau
En Afrique, les gens doivent faire la queue pour obtenir de l'eau chaque jour. Chaque année, 1,5 million d'enfants meurent de diarrhée et de déshydratation, morts évitables avec un accès à l'eau potable propre.

Besoin vital
On estime que pour garantir les besoins basiques d'une personne (la propreté, les toilettes, boire et cuisiner), celle-ci a besoin d'entre 20 et 50 L d'eau propre par jour.

13 %
Pourcentage d'Afghans qui n'ont pas accès à de l'eau potable.

Le rôle des femmes

Les femmes jouent un rôle clé dans l'usage domestique de l'eau, car elles doivent cuisiner, élever les enfants, laver les plats, les habits et la maison. Lorsqu'il n'y a plus d'eau, ce sont elles qui doivent aller en chercher. Cependant, elles sont exclues des décisions sur la gestion des ressources d'eau.

LE PÉTROLE

Les pays les plus riches dépendent toujours du pétrole, leur principale source d'énergie, bien que nous sachions que les réserves s'épuisent. Cela a pour effet d'augmenter le prix du pétrole et d'affecter l'économie mondiale.

MOINS DE PÉTROLE
Les sources de pétrole et de gaz naturel (provenant des mêmes exploitations) vont se réduire dans les dix ans à venir.

Carte de la consommation et de la production de pétrole

Cette carte montre qui sont les plus grands consommateurs et producteurs de pétrole. Le rouge symbolise la quantité consommée par jour et le bleu, la quantité produite, exprimées en millions de barils par jour (un baril équivaut à 159 litres de pétrole).

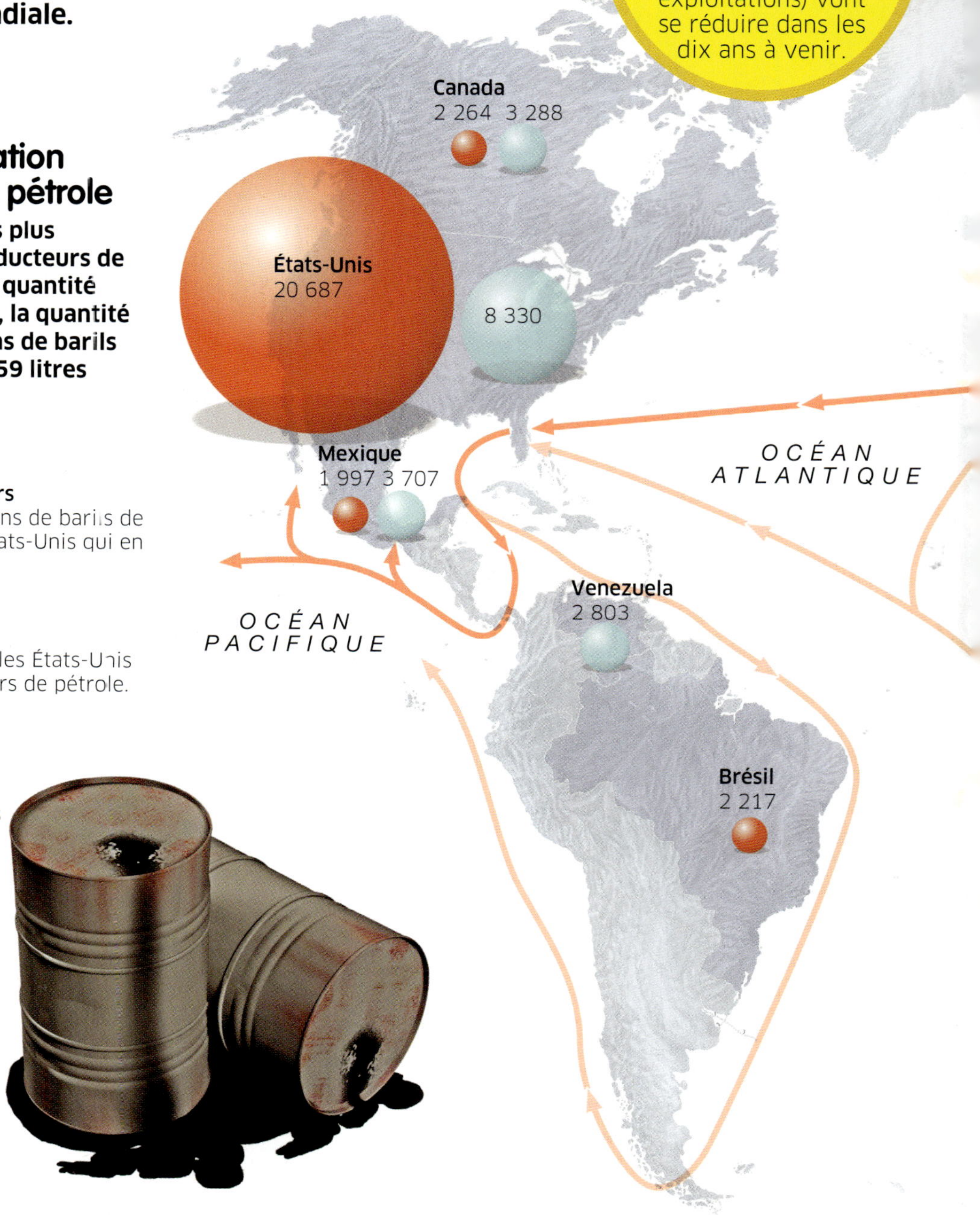

Les plus grands consommateurs
Le monde consomme 85 millions de barils de pétrole par jour. Ce sont les États-Unis qui en utilisent le plus.

Les plus grands producteurs
L'Arabie saoudite, la Russie et les États-Unis sont les plus grands producteurs de pétrole.

Routes marchandes principales

Routes marchandes alternatives

70 %

Pourcentage de carburant consommé aux États-Unis pour les transports.

UTILISATIONS DU CARBURANT

Essence
Près de 95 % des véhicules utilisent de l'essence faite à partir de pétrole. Par conséquent, les coûts de transport et le prix du pétrole augmentent.

Électricité
Elle peut être créée dans des centrales électriques à partir de gaz ou de pétrole. Des centrales écologiquement plus propres doivent être conçues.

Causes de la montée des prix du pétrole

1. La demande de pétrole augmente dans les pays en à forte croissance, comme l'Inde et la Chine.

2. Les ressources s'amoindrissent et il est nécessaire d'exploiter de nouvelles sources d'énergie.

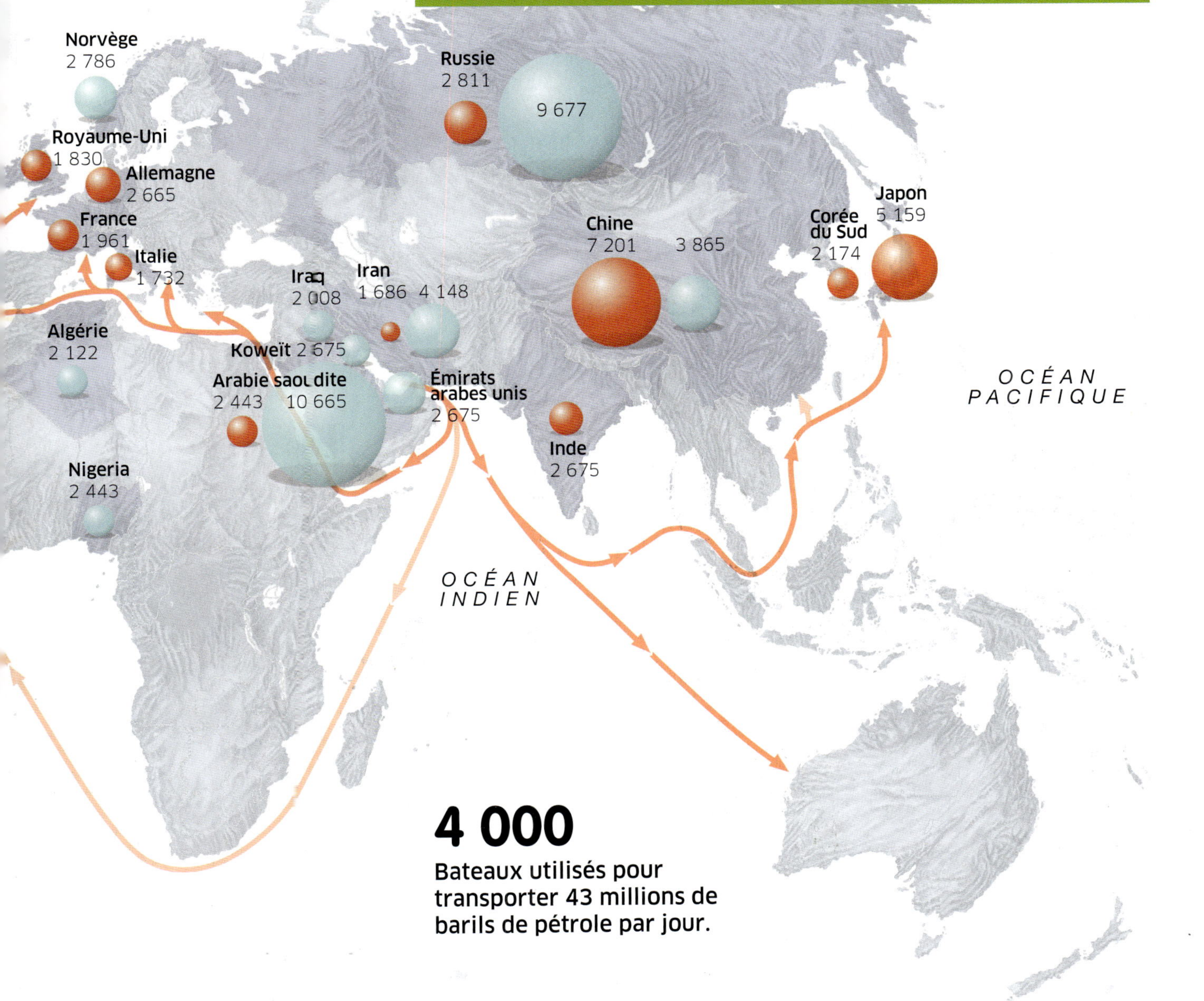

4 000

Bateaux utilisés pour transporter 43 millions de barils de pétrole par jour.

Le plastique

Beaucoup d'objets sont en plastique, un matériau fabriqué à partir du pétrole. Les scientifiques recherchent d'autres matériaux.

Autres utilisations

Le pétrole se retrouve dans de nombreux produits dérivés : teintures, engrais, goudron. La montée des prix affecte toutes ces utilisations.

ÉCLAIRER LA PLANÈTE

Vue de l'espace, la Terre est très bien éclairée. L'éclairage urbain permet de repérer les grandes villes de la planète sur les photos satellites.

PAS D'ÉTOILES
L'omniprésence de l'éclairage électrique fait que les étoiles sont peu visibles dans les villes.

Comme en plein jour

À la nuit tombée, l'éclairage électrique remplace la lumière naturelle jusqu'à ce que le Soleil se lève à nouveau.

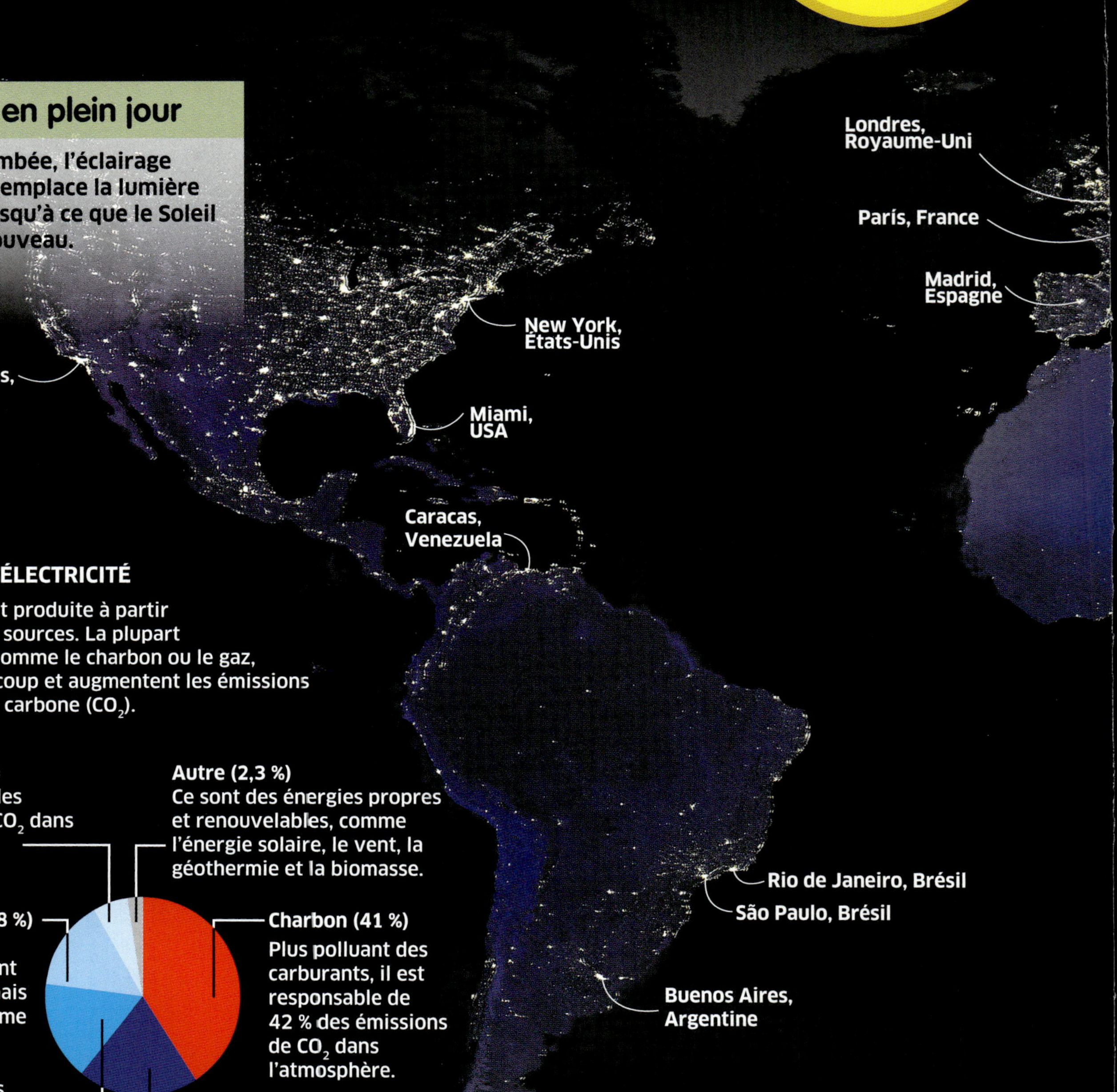

PRODUIRE L'ÉLECTRICITÉ

L'électricité est produite à partir de différentes sources. La plupart d'entre elles, comme le charbon ou le gaz, polluent beaucoup et augmentent les émissions de dioxyde de carbone (CO_2).

Pétrole (5,8 %)
Produit 38 % des émissions de CO_2 dans l'atmosphère.

Autre (2,3 %)
Ce sont des énergies propres et renouvelables, comme l'énergie solaire, le vent, la géothermie et la biomasse.

Nucléaire (14,8 %)
Propre et pratiquement inépuisable, mais pose le problème des déchets radioactifs et de possibles accidents graves.

Charbon (41 %)
Plus polluant des carburants, il est responsable de 42 % des émissions de CO_2 dans l'atmosphère.

Hydroélectricité (16 %)
Propre et renouvelable, mais les barrages d'eau causent des problèmes écologiques et des migrations humaines.

Gaz (20,1 %)
Ils contribuent à hauteur de 19 % aux rejets de CO_2 dans l'atmosphère.

65 %
Pourcentage de la population mondiale vivant dans un endroit disposant de l'éclairage électrique.

Pollution lumineuse

L'éclairage électrique est une des plus grandes inventions humaines. Cependant, elle est aussi une cause de forte pollution.

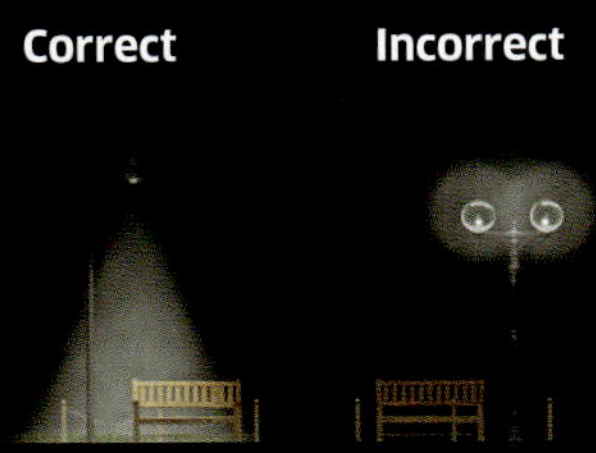

Améliorer l'éclairage public

Ce dessin montre comment mieux utiliser l'éclairage pour moins polluer.

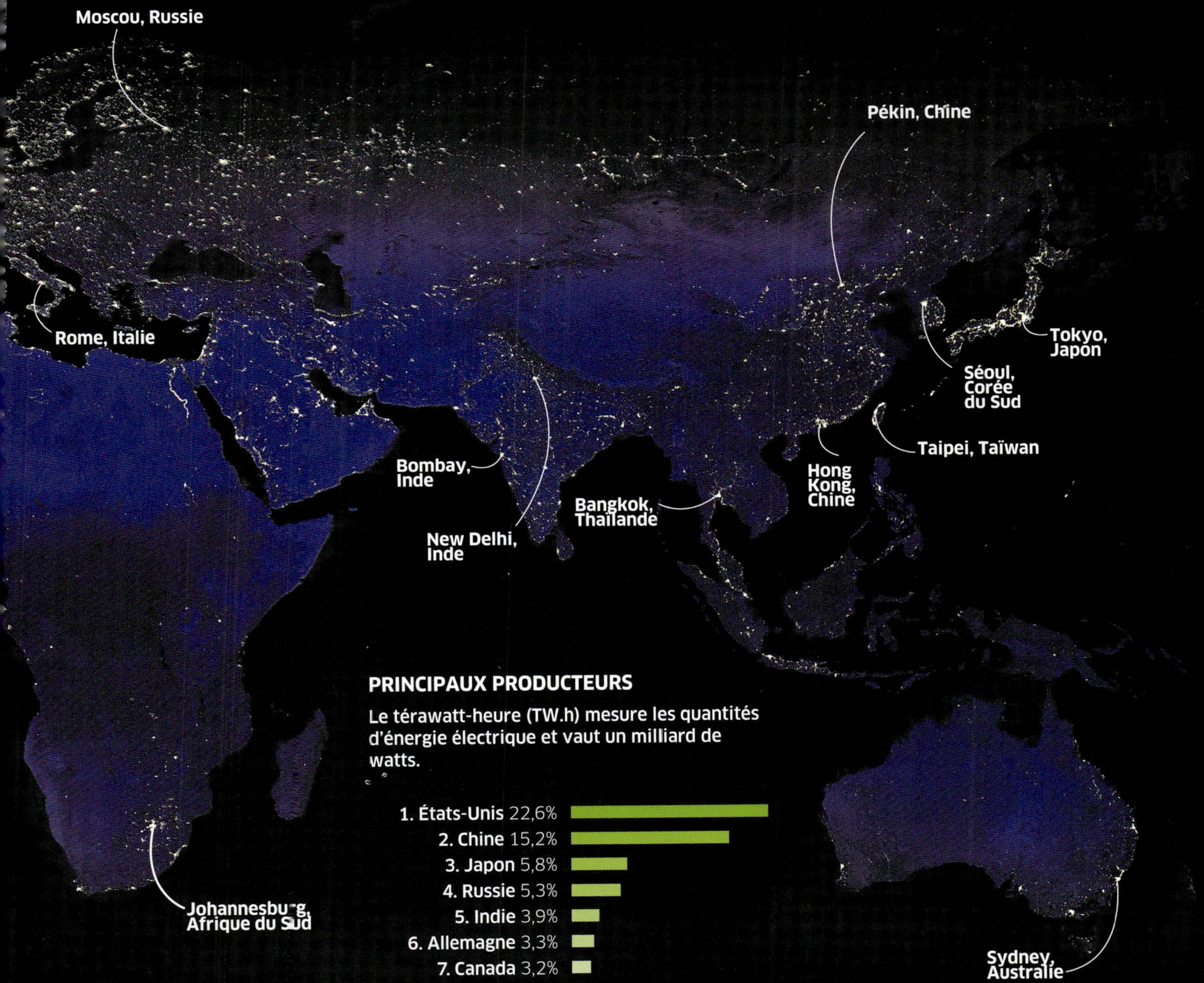

PRINCIPAUX PRODUCTEURS

Le térawatt-heure (TW.h) mesure les quantités d'énergie électrique et vaut un milliard de watts.

1. États-Unis 22,6%
2. Chine 15,2%
3. Japon 5,8%
4. Russie 5,3%
5. Indie 3,9%
6. Allemagne 3,3%
7. Canada 3,2%
8. France 3%
9. Brésil 2.2%
10. Corée du Sud 2.1%

Les États-Unis consomment un tiers de l'électricité d'origine nucléaire dans le monde. La France et le Japon sont les principaux producteurs de ce type d'énergie.

LE RÉSEAU MONDIAL

On estime qu'une personne sur quatre sur Terre utilise Internet. Cette nouvelle technologie a accéléré le processus de mondialisation auquel notre monde est confronté.

FACEBOOK
En 2010, selon l'IWS (voir plus bas), il y avait 517 760 460 inscrits sur Facebook.

Radiographie du réseau

En moyenne, 32 % de la population mondiale a accès à Internet. Cependant, elle n'est pas également répartie : les pays très peuplés avec un haut niveau de vie sont ceux qui y ont le plus accès.

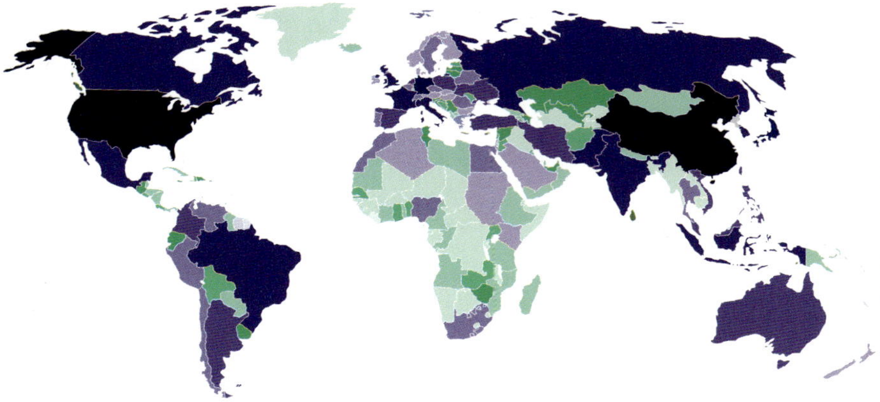

SUR 1 000 UTILISATEURS INTERNET...

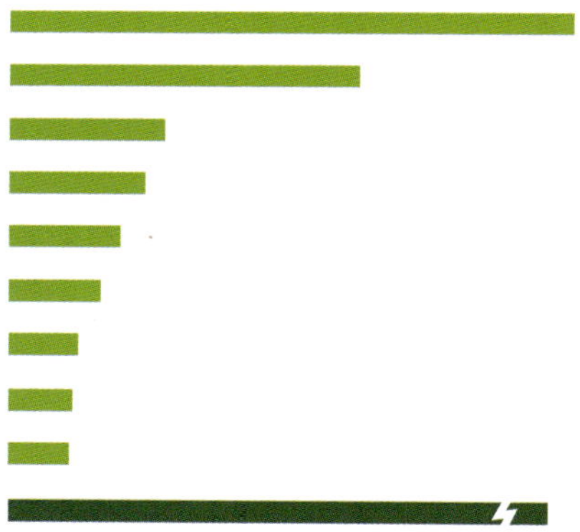

2011

L'*Internet World Stats* (IWS) indique qu'il y avait 2 milliards d'utilisateurs d'Internet cette année.

L'ANGLAIS : LA LANGUE LA PLUS PARLÉE SUR LE NET

L'anglais peut sembler être la « langue officielle » d'Internet, mais ce n'est pas le cas. Alors que les sites des grands groupes sont publiés en anglais, ils ne constituent que 31,2 % des sites. Ils sont suivis par les sites en chinois (15,7 %) et ceux en espagnol (8,7 %).

Les langues sur internet (en millions d'utilisateurs en 2010)

Anglais	536
Chinois	444
Espagnol	153
Japonais	99
Français	82
Portuguais	75
Allemand	75
Arabe	65
Russe	59
Coréen	39
Autres langues	350

En quelques secondes

L'information est décomposée en petits paquets de données sur Internet et parcourt ainsi le monde en quelques secondes.

GLOSSAIRE

ACOUSTIQUE
En architecture, désigne la capacité d'une salle à diffuser les sons.

ADAPTATION
Caractère favorisant la survie d'une plante ou d'un animal dans un milieu donné. Par exemple, les animaux des régions polaires ont une épaisse fourrure.

AFFLUENT
Cours d'eau qui se jette dans une rivière, un fleuve ou un lac.

ALTITUDE
Hauteur d'un point (par ex. le sommet d'une montagne) par rapport au niveau moyen de la mer.

AMPHITHÉATRE
Bâtiment ouvert, rond ou ovale, avec des gradins disposés autour du centre, utilisé pour les spectacles ou le sport.

ANIMISME
Croyance religieuse selon laquelle tout objet ou phénomène naturel est habité par un esprit.

ANTHROPOLOGISTE
Scientifique qui étudie l'être humain et les groupes qu'il forme.

AVALANCHE
Masse de neige (ou de rochers) dévalant rapidement un pan de montagne.

BAUXITE
Roche (minerai) dont on extrait l'aluminium.

BIODIVERSITÉ
Diversité des espèces et des organismes, à l'échelle de la planète ou dans un lieu donné.

BROUSSE
Végétation d'arbustes et de buissons des régions arides, par exemple dans l'intérieur de l'Australie.

CALCAIRE
Roche sédimentaire utilisée pour construire des bâtiments.

CALENDRIER LUNAIRE
Calendrier basé sur les phases de la Lune (le calendrier musulman est un calendrier lunaire).

CALOTTE GLACIAIRE
Glacier recouvrant une grande étendue de terre, en Antarctique et au Groenland (on parle aussi d'« inlandsis »).

CANICULE
Période anormalement chaude.

CARNIVORE
Animal qui se nourrit de chair.

CHAROGNARD
Se dit d'un animal qui se nourrit d'animaux morts (vautour par exemple).

CHASSEUR-CUEILLEUR
Mode de vie nomade, où l'on se nourrit en chassant et en cueillant des fruits et d'autres ressources végétales, pratiqué durant la préhistoire et, aujourd'hui, par certains groupes humains.

CONURBATION
Agglomération urbaine formée de plusieurs villes qui se sont rejointes en s'étendant.

COSMOPOLITE
Qui comprend des individus de multiples origines géographiques.

COUCHE D'OZONE
Couche de gaz à haute altitude autour de la Terre, qui bloque certains rayonnements ultra-violets du Soleil.

COULÉE DE BOUE
Grande masse de boue en mouvement, suite à une inondation ou un séisme.

CRÉMATION
Action de brûler, d'incinérer, un cadavre.

CYCLONE (OU OURAGAN)
Tempête tropicale aux vents forts, et très pluvieuse.

DÉRIVE DES CONTINENTS
Mouvement imperceptible des continents sur la surface de la Terre.

DÉSHYDRATION
Baisse de la teneur en eau d'un organisme, pouvant être mortelle.

DIOXIDE DE CARBONE
Gaz invisible de l'atmosphère, issu de la respiration des plantes et des animaux, des incendies et du fonctionnement des moteurs thermiques (à essence, gaz ou charbon).

EMPIRE OTTOMAN
Ensemble des territoires sous domination turque, entre le XIVe siècle et le début du XXe siècle.

ÉNERGIE RENOUVELABLE
Énergie provenant d'une source qui ne s'épuise pas, comme le Soleil.

ÉNERGIE SOLAIRE
Électricité générée à partir des rayons solaires.

ÉROSION
Lente détérioration d'une chose, causée par l'eau, le vent ou la glace.

ÉTEINT (DISPARU)
Se dit d'une espèce ou d'un groupe d'espèces qui n'existe plus.

EXPÉDITION
Voyage entrepris en équipe afin de découvrir ou explorer un territoire.

FAUNE
Ensemble de tous les animaux d'une région donnée.

FERTILE
Se dite d'un sol ou d'un territoire où les plantes cultivées poussent facilement.

FLORE
Ensemble de toutes les plantes d'une région donnée.

FOSSILE
Restes d'un animal ou d'une plante, ou empreintes, conservés dans une roche.

GLACIER
Grande masse de glace des régions polaires et des hautes montagnes, qui s'écoule très lentement.

HERBIVORE
Animal qui se nourrit de végétaux.

HORLOGE ASTRONOMIQUE
Horloge montrant la position du Soleil, de la Lune et des planètes, des étoiles et des constellations.

ICEBERG
Grande masse de glace d'eau douce provenant d'un glacier continental et flottant sur l'océan.

IMMIGRANT
Se dit d'une personne ou d'un groupe s'installant dans un autre pays.

IMPORTER
Faire venir des matières premières ou des marchandises d'un autre pays.

INDUSTRIALISER
Implanter des usines et développer l'activité industrielle d'un territoire ou d'un pays.

INSCRIPTION
En archéologie, texte gravé ou peint sur une pierre, une tablette d'argile ou un monument.

LAVE
Roche fondue ou semi-liquide qui a jailli d'un volcan.

ÉNERGIE NUCLÉAIRE
Électricité générée par une centrale nucléaire.

MARSUPIAL
Mammifère dont les petits finissent leur développement dans la poche ventrale de leur mère, comme les kangourous.

MAUSOLÉE
Bâtiment abritant une ou plusieurs tombes.

MIGRER
Se déplacer d'une zone à une autre pour s'y installer.

NOCTURNE
Se dit d'un animal actif la nuit, comme les chauves-souris.

NOMADE
Mode de vie d'un groupe humain se déplaçant constamment, selon les disponibilités alimentaires.

OGM
Organisme génétiquement modifié : dont le patrimoine génétique a été modifié afin qu'il acquière de nouvelles propriétés.

PAPYRUS
Plante aquatique dont la moelle était utilisée pour fabriquer une sorte de papier dans l'ancienne Égypte.

PERMAFROST
Se dit de la couche supérieure du sol qui reste gelée toute l'année dans les régions polaires.

PLAQUES TECTONIQUES
Fragments de la croûte terrestre et du manteau supérieur, formant les continents et le fond des océans.

PLATEAU
Territoire plat ou peu accidenté situé à une certaine altitude et dans lequel les cours d'eau creusent des vallées.

POLYTHÉÏSME
Religion dans laquelle on croit en plusieurs dieux, par opposition au monothéisme (un seul dieu).

RENAISSANCE
Période de renouveau culturel et artistique en Europe, entre le XIVe et le XVIe siècle.

RIZIÈRE
Champ où pousse le riz.

SARCOPHAGE
Cercueil en pierre.

SCANDINAVE
Habitant de la Scandinavie (Norvège, Suède, Finlande et Danemark).

SYMÉTRIQUE
Objet, lieu ou organisme dont les différentes parties sont identiques de part et d'autre d'un ou plusieurs axes.

UNION EUROPÉENNE (UE)
Union politique et économique de 27 pays du continent européen.

URANIUM
Métal blanc argenté, utilisé comme combustible dans la filière de l'énergie nucléaire.

URBANISATION
Transformation d'un territoire rural en ville.

VIADUC
Pont en hauteur bâti sur de grandes arches, pour le passage de véhicules.

VIH
Virus d'immunodéficience humaine, dénomination officielle du virus du sida.

INDEX

J

K

L

M

N

O

P Q